指先を使っていきいき！

新聞・雑誌をリサイクル
古紙クラフトのかご・小もの

監修／作業療法士　石上正志

はじめに
バリアフリーなクラフトを届けたくて

私は長年、静岡県にある総合病院のリハビリテーション科にて作業療法士として勤めてきました。作業療法士の仕事は、身体障がいをはじめ、精神障がい、発達障がいなどによってリハビリが必要になった人たちに寄りそって、その人の能力を一緒に探ることだと思っています。「古紙クラフト」はリハビリの一環として、患者さんと共に取り組んできたクラフトです。

身体の能力が落ちると、それ以上に心はダメージを受けてご自身の殻に閉じこもってしまいがちです。心がふさがっているとき、何かをいきなり"作る"という前向きな気持ちに持っていくのは難しいことです。そんなときに"壊す"という作業をすることで、心は不思議と落ち着いてくるものです。

「古紙クラフト」は紙をやぶく作業のくり返しから始まります。紙をやぶいたり、丸めた紙を平らにつぶしたり、たたいたり。ある意味では"壊す"という作業の反復が心を落ち着かせ、そして新たに"作る"作業にもつながっていくのです。そんな取りかかりから、モチベーションを持ってもらえたら嬉しいですし、もう一度社会に目を向ける患者さんを見守ってきました。

「古紙クラフト」の材料は、どのご家庭にもある新聞紙やカタログ、電話帳、いらなくなった雑誌、思い出深いご家族の教材など、暮らしの中にある古紙です。捨てられてしまうものを利用して、かごやお皿、小もの入れ、かさ立てやスリッパ立てなどの家具までもができ上がります。前半の作品は素朴でやさしい作り方の小作品を紹介していますので、お子さまからシニア世代まで、どなたでも作る楽しさを感じてもらえると思います。後半の作品は少しステップアップをして、作る楽しさに目覚めた人にも満足してもらえるような、さまざまなかごが充実しています。

指先を使うことはご自身の体と向き合い、受け入れてあげることでもあります。無理をせず、どなたでも作れるのが「古紙クラフト」のいいところ。一緒に楽しんで作ってみましょう。

作業療法士　石上正志

もくじ

古紙クラフトのきほん…4
パーツの作り方
チューブ…6
連結チューブ…7
リング…8
パイプ…9
かごの編み方のきほん…22
一緒に編んでみましょう！　かんたんくずかご…26
皆で楽しむレクリエーションのアイデア…49
この本の作り方…53

PART 1
小さなかご・小もの
ミニかご…10
ボウル 大・中・小…11
トイレットペーパーホルダー／えんぴつ立て…14
階段式小もの入れ…15
こま…16
オーナメント…17
平ざる 大・中・小…18
写真立て 大・小…20
紙コップ立て…21

PART 2
いろいろなかご
かごのトレー…28
入れ子のかご…29
丸底のかご…30
ワンハンドルの収納かご…31
買いものかご…32
帽子型のかご…34
鉢カバー…35
和風の花器 大・小…36
バケツ型のくずかご／取っ手つきのくずかご…37
ふたつきのかご…38
レターケース／ペン立て／豆皿…39
取っ手つきの丸かご…40
ワンハンドルの丸かご…41
フルーツバスケット…42
野菜かご…43
スリッパ立て…44
かさ立て…45

●この本は『リハビリにも役立つ 古紙クラフト』に掲載された作品をセレクトし、新作を加えて再編集したものです。

●本誌に掲載の作品を、複製して販売（店頭、ネットオークション、バザーなど）することは禁止されています。個人で手作りを楽しむためにのみご利用ください。

●この本に掲載されているチューブの作り方については、監修の石上正志さんが特許を取得しています。

この本に関するご質問は、お電話またはWEBで
書名／古紙クラフトのかご・小もの
本のコード／NV70423　担当／加藤麻衣子
TEL ／03-3383-0635（平日13：00 ～ 17：00受付）
Webサイト「日本ヴォーグ社の本」
http://book.nihonvogue.co.jp/
※サイト内（お問い合わせ）からお入りください。（終日受付）
（注）Webでのお問い合わせはパソコン専用になります。

古紙クラフトのきほん

1 材料を集めましょう

いらなくなった雑誌や電話帳、カタログ、新聞紙などの古紙が材料に生まれ変わります。1つの作品は、同じ用紙で作ると仕上がりが均一になるので、同じ紙質で枚数を多くとれるものがおすすめです。用紙が足りなくなったら、バックナンバーなどから似た紙質を探して使いましょう。

2 道具の準備

1 丸棒
用紙を巻き取るのに使います。ホームセンターなどで購入できる、直径2.5mm〜15mmまでの木製やステンレスの棒を使っています。棒の長さは約30〜45cm（新聞紙を使う場合は約70cm）が便利です。作品に合わせて用意します。

2 はさみ・カッターナイフ・ニッパー
用紙を切ったり、パーツを切るときに使います。ニッパーは硬いパイプを切るときに便利です。

3 目打ち
つぶれたチューブの先を直したり、かごに持ち手をつけるときに使います。

4 定規
長さを測るのに使います。

5 カッターマット
カッターナイフを使うときに下に敷きます。

6 両面テープ
チューブどうし、リングどうしをつなぐときに使います。

7 マスキングテープ
塗装の際、不要な場所に塗料がかからないよう貼って使います。

8 液体のり
パーツを作るときに使います。

9 木工用ボンド
かごの編み終わりを止めたり、作品の仕上げにボンドを水で薄く溶かした希釈液を塗る際に使います。
→ 希釈液の作り方は25ページ

10 塗料
作品に色をつけたい場合は塗料を塗ります。
→ 塗料の種類については25ページ

11 ハケ
作品に希釈液や塗料を塗るときに使います。

3 作品作りの流れ

作り方のおおまかな手順を確認しておくと、作業がスムーズになります。

1 作り方ページの「材料」を確認して、必要なサイズと枚数の用紙を用意します。

2 用紙を丸棒で巻き取り、「チューブ」「リング」「パイプ」のパーツを作ります。
→パーツの作り方は6〜9ページ

3 パーツを組み合わせたり編んだりして、かごや小ものを作ります。

4 作品全体にボンドを水で溶かした希釈液を塗ります。作品の強度が上がります。

5 お好みで作品に塗装をしてでき上がり。

4 用紙について

古紙を分割したものを「用紙」と呼びます。用紙はパーツを作る材料になります。

用紙のサイズ

よく使う用紙は、A4サイズ（縦29.7×横21cm）の雑誌やカタログ、電話帳を縦に2〜3分割したものを使います。ページ数が多く、厚みのあるものを分割するときは、カッターナイフで少しずつ切り出します。用紙はバラバラにならないように、クリップでまとめておくと便利です。

用紙の縦目について

用紙を丸棒で巻いてみましょう。紙が反発して巻きにくいと感じる方向があるはずです。紙には繊維の流れにそった「縦目」があります。この「縦目」にそって平行に丸棒を巻くことで、巻きやすくなり、ひっぱっても丈夫なパーツを作ることができます。用紙を切り出す際や巻き取る際の参考にしてください。
※電話帳は紙が薄いため、縦目を気にせずに分割した用紙も使っています。

[縦目の向き]

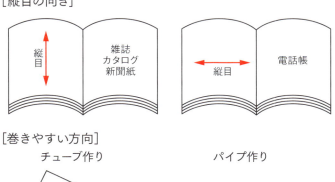

[巻きやすい方向]
チューブ作り　　パイプ作り

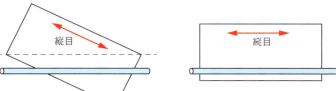

パーツの作り方

かごや小ものは「チューブ」「リング」「パイプ」の3種類のパーツを組み合わせたり、編んだりして作ります。大きなかごはたくさんのチューブが必要ですが、慣れてくると素早く巻き取れるようになります。

チューブを作る

用紙の対角線に平行に巻き取ったパーツを「チューブ」といいます。
チューブは片方の先がネジ（細い側）とネジ穴（細くない側）のような性質を持っています。

1. チューブ専用下敷きと丸棒を用意します。下敷きに用紙を重ね、端を折り返します。★下敷きの作り方は下記を参照

2. 折り返した用紙の端に丸棒をはさみます。

3. 用紙の対角線と平行に丸棒を巻いていきます。右手の位置はそのままに、左手は左に移動させながら巻くとゆるまずに巻けます。

4. 巻き終わりの端をのりづけします。

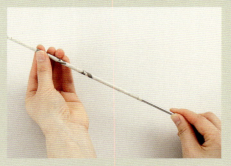

5. 丸棒を抜き取ります。抜きにくいときは丸棒を回しながら抜き取ります。チューブができました。ひっぱりに強く、かごを編むときの縦芯や編み芯になります。

チューブの先は片方が細くでき上がります。チューブをつなぐ際、細い側にボンドをつけ、2本目の細くない側（★）にさし込むと楽につなげられます。

チューブ専用下敷きの作り方

チューブをたくさん巻き取るのに便利な下敷きです。下敷きを使って巻くと滑りにくく、均等なチューブが作れます。

用意するもの
・A4・B4サイズのソフトカードケース
・カードケースに入れる方眼用紙（画用紙でもOK）
・滑り止めシート

● ● ● Craft Lesson

連結チューブを作る

かごを編むときなど、より長いチューブが必要な場合のつなぎ方です。
2本以上つなげたチューブを「連結チューブ」といいます。

1. 1本目のチューブを丸棒から抜き取らずに長めに引き出し、チューブの端を下敷きのB線に合わせます。

2. チューブの作り方と同様にして2枚目を巻きます。

3. 途中で1本目と2本目の連結部分（図のa部分）をのりづけします。

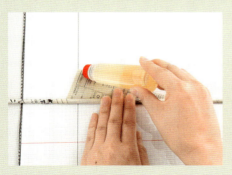

4. さらに巻いて巻き終わり（図のb部分）をのりづけします。

5. 2本つなぎの連結チューブができました。さらにチューブを連結するときも、同様にしてつなぎます。

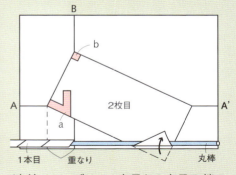

連結チューブは、1本目と2本目の端のa部分を重ねて巻くことで、中央部分と端の厚さが等しくなり、全体に均質な太さの連結チューブができます。

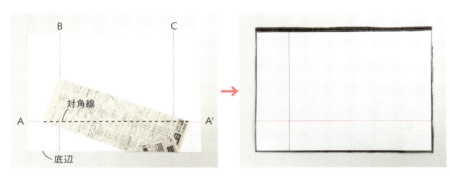

★ほとんどの用紙はA4・B4サイズの下敷きで間に合います。
★巻き取る用紙のサイズごとに、方眼用紙の線を新しく引き直して作ります。

作り方

1　方眼用紙の上に用紙を重ねます。方眼用紙の底辺と用紙の対角線を平行に置き、用紙の端を少し折り返します。
2　方眼用紙に用紙の対角線の延長線（A〜A´）を引きます。
3　右利きの人は、用紙の頂点と方眼用紙の縦が平行になるようにB線を引きます。
4　左利きの人は、折り返した用紙の頂点から、方眼用紙に平行にC線を引きます。
5　カードケースに方眼用紙をはさみ、裏側に両面テープで滑り止めシートを貼ります。

パーツの作り方

リングを作る

チューブを平らにつぶしたパーツを「**プレスチューブ**」といい、連結チューブを平らにしたものを「**プレステープ**」と呼びます。それらを丸棒でドーナツ状に巻き取ったパーツを「**リング**」といいます。

1. チューブを指先で平らにつぶしてプレスチューブにします。

2. 下敷きの中央にプレスチューブの先が細い側を下にして置きます。A〜A´線に合わせて端を折り、丸棒をはさみます。

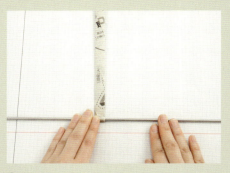

3. 巻きはじめは指で抑えながら、丸棒と下敷きのA〜A´線を平行に保ちながら巻きます。

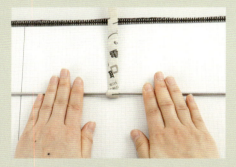

4. 手の平で押し上げるようにしてまっすぐに巻きます。

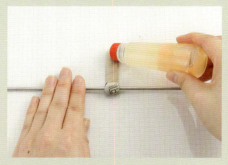

5. 巻き終わりをのりづけします。

6. リングが平らに巻けなかったときは、巻き終わってから金づちを使ってたたいて平らにします。

リングを使ってできるもの

大小のリングは1つ2つと組み合わせることでさまざま作品にいかせます。リングを使った小もののアイデアは、50ページでも紹介しています。

リングの中心に軸をさすと、懐かしい遊び道具のこまができます。

写真立ての周りにリングを飾って。リングは装飾にも使えます。

リングを組み合わせると円形の底やふた部分が楽に作れます。

パイプを作る

用紙をまっすぐ平行に巻き取った紙の筒を「**パイプ**」と呼びます。
また、複数の用紙で巻き取ったパイプを「**強化パイプ**」と呼びます。

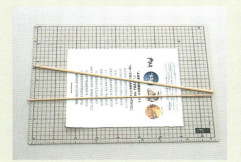

1. A4用紙1枚と巻き取り用の丸棒のほかに、もう1本、押さえ用の細い丸棒を用意します。

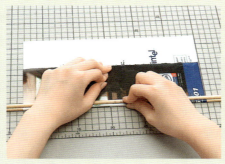

2. 用紙はよゆうを持って折り返し、間に丸棒をはさみます。押さえの丸棒をしっかり当てて、上下の縁を押さえます。

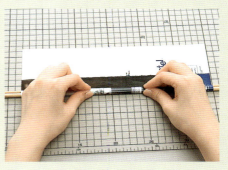

3. 丸棒2本を一緒に巻き始めます。

● 強化パイプを作る

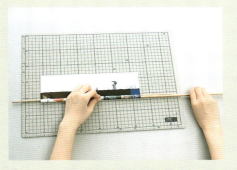

4. 途中で押さえの丸棒を抜き取ります。抜き取られたスペース分のたるみを巻き締めます。

5. 巻き進めて、巻き終わりをのりづけします。パイプができました。

6. 強化パイプは5からのりづけをしないで、用紙の半分あたりで2枚目の用紙を上にさし込み、重ねて巻きます。

7. 3枚、4枚と枚数を増やす場合は6をくり返します。

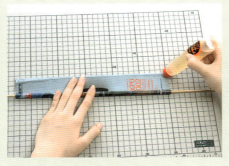

8. 巻き終わりをのりづけします。

パイプができました。

PART 1
小さなかご・小もの

このパートでは少しのパーツででき上がる小作品をご紹介します。
かご作りが初めての人は、まず小さなかごやお皿から作り始めてみましょう。

ミニかご

キャンディやコーヒーフレッシュなど、細々したものを入れるのにちょうどいいサイズのミニかご。ワンハンドルの持ち手をつけると、持ち運びが便利になります。

作り方は12ページ
デザイン／古木明美

使わないときは3つのボウルを重ねて収納できます。

ボウル 大・中・小

ステンレスのボウルを型にして、まわりにチューブをぐるぐると巻いて固めた紙のボウル。型にそわせるので、カーブの形がきれいに出せます。チューブの中に紙ひもを入れたので、チューブがつぶれることなく立体的に仕上がりました。

作り方は54ページ
デザイン／石上正志

ミニかごの作り方 / P10

● 材料（持ち手を含む）
新聞紙1ページを縦3分割した用紙14枚
・縦芯…プレスチューブ12本
・持ち手…プレスチューブ1本
・縁始末…プレスチューブ1本

● 用具
丸棒（9mmを使用）

● あると便利な用具
クリップや洗濯バサミ
パレットナイフ

1. かごの骨組みとなるパーツを縦芯と呼びます。縦芯4本を中央で、互い違いになるように網目に組みます。

2. 上下、左右に縦芯を2本ずつ組み足して、縦6本、横6本の計12本の縦芯を組みます。

3. 四隅がずれないようにクリップで止めます。点線が底のラインになります。ラインにそって定規を当て、縦芯を立ち上げます。★は底の4つ角になります。

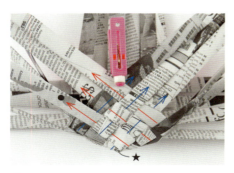

4. 底の角に三角の山を作るように、縦芯を交互に編みます。1つの角ができたら、同様に残り3つの角も編みます。

5. 4つ角が編めました。縦芯は底から2.5段分編みます。点線がかごの入れ口になります。

6. 左上に伸びた縦芯を、入れ口（5の点線）で手前左下に折り、右上に伸びた縦芯を手前右下に折ります。

7. 5の編み目に重ねるようにして、折り曲げた縦芯を交互に編みます。

8. 左下の縦芯は上から4つ目の編み目に通して固定します。右下の縦芯は上から3つ目で固定されました。写真は左下の縦芯（♥）を編み目に通したところ。

ポイント
パレットナイフなどの硬くて薄いもので編み目を広げながら通すと、作業がしやすくなります。

かごの口

9. 6～8をくり返して、すべての縦芯を編み目に通して固定します。

10. 縦芯の余分を通した編み目の際でカットします。縦芯をひっぱり気味にしてカットすると、編み目の中に切り口がきれいに隠れます。

ミニかごができました。

持ち手のつけ方

18cm

18cm

1. 持ち手用のプレスチューブを端から18cmの位置で折ります。

2. 折ったチューブの長い側を短い側に巻きつけます。

3. 巻き終わりをボンドで止めます。持ち手ができました。

4. かごの入れ口に持ち手の端をボンドで貼ります。

5. 縁始末用のプレスチューブを入れ口に1周させて貼り、余分をカットします。

持ち手つきのミニかごができました。

PART 1 小さなかご・小もの

えんぴつ立ての中には、消しゴムや付せんなど細々したものを収納できます。

トイレットペーパーホルダー えんぴつ立て

パイプとリングの組み合わせで作る小もの2点。トイレットペーパーホルダーは、リングのふたの中央からペーパーを取り出すデザインです。えんぴつ立ては側面のパイプにえんぴつをさして使います。

作り方は55ページ（左）と56ページ（右）
デザイン／石上正志

階段式小もの入れ

牛乳パックのまわりにパイプを貼ったかんたん小もの入れです。牛乳パックの数を4つ5つと増やしたり、横に並べるとちょっとした家具にもなります。

作り方は58ページ
デザイン／石上正志

PART 1　小さなかご・小もの

リングの幅や軸の長さは自由です。軸にはホットドックの棒や竹串など、身近なものを利用します。

こま

懐かしい遊び道具のこま。リングの中心に軸をさすだけのシンプルなつくりながら、驚くほどよく回転します。ぜひお子さんと一緒に作って遊んでください。

作り方は53ページ
デザイン／石上正志

四角すいのオーナメントはサイズ違いを2つ作り、大の中に小を入れて吊るします。

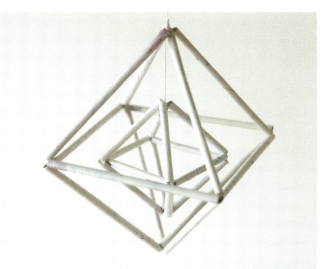

オーナメント

細いチューブの中に糸を通して、形を作るオーナメントです。左の多面体は、四角すいを上下につなげたデザイン。星は5本のチューブを重ねるだけなのでかんたんに作れます。

作り方は59ページ
デザイン／加藤里美

PART 1　小さなかご・小もの

平ざる 大・中・小

リハビリで作る機会が一番多いのが、この平ざるです。単純なざる編みのくり返しで、あっという間に形ができ上がります。編み目は多少すき間があいても大丈夫。塗装をすると編み目が詰まり、あまり気にならなくなります。

作り方は19ページ（大）と60ページ（中・小）
デザイン／石上正志

平ざる 大の作り方 / P18

平ざる 中・小の作り方は 60 ページ

● 材料
A4電話帳を縦2分割した用紙41枚位
・縦芯…2連結チューブ13本
・編み芯…3連結チューブ5本位

● 用具
丸棒（縦芯、編み芯共に4mmを使用）

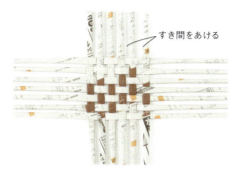

1. 連結チューブを平らにつぶし、縦芯を縦6本、横7本に網目に組みます。縦6本はすき間を少しあけて配置し、全体が正方形になるように調整します。
→ 網目組みの仕方は22ページ

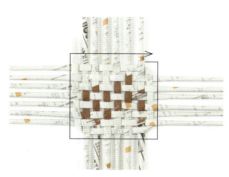

2. 横7本のうち、右上の1本を編み芯として手前に90度折り返し、横に並んだ縦芯に上、下、上へとくぐらせます。同様に縦芯に編み芯を交互にくぐらせて1周します。

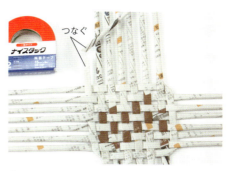

3. 編み芯が足りなくなったら連結チューブを平らにつぶして、両面テープで編み芯をつなぎます。

4. 2周目以降はすべての縦芯を放射状に広げて、ざる編みをします。9〜10周編みます。
→ ざる編みの編み方は23ページ

5. 編み終わりは最後の1周に重ねてボンドで止めます。縦芯を20cmほど残して切りそろえます。

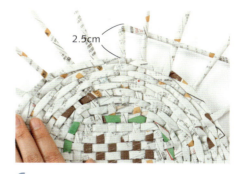

6. 縁はかご止めで始末します。縦芯を2.5cmほど折り曲げ、右隣の縦芯に内、外、内の順にかけていきます。
→ かご止めの仕方は24ページ

7. 6をくり返して1周しますが、最後の縦芯2本は最初の縦芯の編み目に通します。

8. 編み目を外さないように気をつけながら、余分な縦芯をカットします。

9. 作品全体に希釈ボンドを塗り、好みの色に塗装して完成です。
→ 仕上げのポイントは25ページ

PART 1 小さなかご・小もの

写真立て 大・小

フレームの周りをリングで装飾した写真立て。小さい写真立ては、リングをブロックのようにつないで脚にしました。大きな写真立ては、リングの周りをチューブでぐるりと囲んだデザイン。背面にスタンドをつけたので、どちらも自立します。

作り方は62（上）と63（下）ページ
デザイン／石上正志

紙コップ立て

市販の紙コップを型にして作る紙コップ立て。チューブをぐるぐる巻きつけながら、一緒に取っ手をつけます。カラフルに塗装して、ホームパーティーにいかがですか?

作り方は63ページ
デザイン/石上正志

かごの編み方のきほん

かごはチューブや連結チューブを使って編んでいきます。かごの骨組みとなるパーツを縦芯、編むパーツを編み芯と呼びます。まず底を組み、縦芯を立ち上げ、側面を編み進めます。ここでは、この本で使われているかご作りのきほんをご紹介します。

1 底を組む

作るかごの形によって、底の組み方が変わります。縦芯を2～3周して根元を固定することを「根じめ」といいます。

[十字組み]…丸い底を作る場合の組み方

1. 連結チューブを縦と横に十字に置き、縦芯とします。

2. 縦芯のうちの1本を根元で折って編み芯とし、縦芯の上、下、上へとくぐらせます。

3. 1周して根じめをしたところ。2～3周するとより安定します。

[網目組み]…丸や四角の底を作る場合の組み方

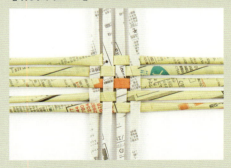
1. 連結チューブを平らにつぶし、縦と横が互い違いになるように縦芯を組みます。

2. 縦芯のうちの1本を根元で折って編み芯とし、縦芯の上、下、上へとくぐらせます。

3. 1周して根じめをしたところ。2～3周するとより安定します。

[楕円組み]…楕円の底を作る場合の組み方

1. 連結チューブを横に並べ、縦の縦芯は間隔をあけて交互に通します。ボンドで固定しておくと扱いやすいです。

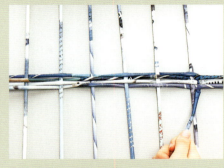
2. 横の縦芯のうち、右上の1本を根元で折り、縦芯の下、上、下へとくぐらせます。

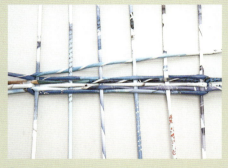
3. 1周して根じめをしたところ。2～3周するとより安定します。

Craft Lesson

● 底が十字組みの作品例

28ページのかご

● 底が網目組みの作品例

30ページのかご

● 底が楕円組みの作品例

42ページのかご

2 主な編み方

底ができたら、縦芯を立ち上げて側面を編みます。
なるべくすき間が空かないように、きっちり編むと仕上がりがきれいです。

[ざる編み]

編み芯1本で縦芯を上、下、上とくぐらせて進みます。写真は底をざる編みしているところ。側面を編む場合は図を参照。

[追いかけ編み]

編み芯2本で交互にざる編みをします。2本目が1本目を追いかけるように編みます。1周で2段編めたことになります。

[縄編み]

編み芯2本で縦芯をはさみ、縦芯の間でねじりながら進みます。

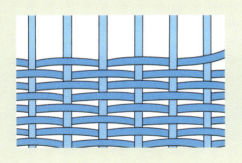
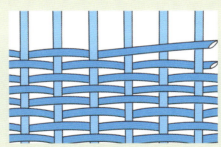
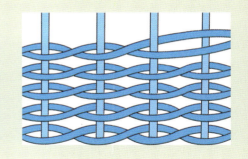

23

3 縁の始末の仕方

代表的なかご止めの方法をご紹介します。
縦芯を折り曲げる向きは、編み進む方向に折り曲げます。
縦芯はよゆうを持って長めに残しておくのがポイントです。

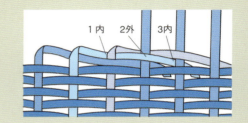

[かご止め]

1. 縦芯の1本を右隣の縦芯に内、外、内の順にかけ、すべての縦芯をかけていきます。最初の縦芯は2で通すので、よゆうを持たせておきます。

2. 最後の縦芯は、最初の縦芯の網目と2番目の縦芯の網目に通します。

3. 余分な縦芯を切ります。

4 増し芯の仕方

編み進む途中で、縦芯や編み芯を増やしたり、つなぐことを「増し芯」といいます。

[縦芯の増やし方]

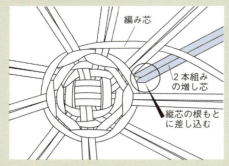

大きな円を作りたいとき、円を編んでいく途中で新たな芯を縦芯の根元にさし込みます。

[縦芯のつなぎ方]

途中でもう少し深いかごを編みたくなった場合、新たなチューブの先端にボンドをつけてさし込み、乾いたら編み進めます。

[編み芯のつなぎ方]

編み進む途中で編み芯が足りなくなったら、編み芯を平らにして両面テープやボンドでつなぎます。2本をさし込むよりも楽につなげます。

[編み芯を2本にする場合]

ざる編みから、追いかけ編みや縄編みにする場合、新たな1本を2～3本手前に差し込み、ボンドや両面テープで止めます。

5 仕上げのポイント

作品が形になったら、仕上げに全体に希釈ボンドを塗ると強度が増します。塗装はお好みでしましょう。

［希釈ボンドを塗る］

希釈ボンドの作り方は、水1：ボンド2〜3の割合で混ぜて作ります。ハケを作品に垂直に当て、全体に塗ります。内側にも忘れずに塗りましょう。乾くと透明になり、作品が丈夫に仕上がります。

［塗装する］

用紙の色や文字をそのままいかすならば、仕上げは希釈ボンドを塗るだけでも構いません。塗装する場合は換気に気をつけて、一度に塗ろうとしないで、乾いたら塗りをくり返すときれいに仕上がります。スプレーする場合は、まわりを汚さないように、段ボールの中で行いましょう。

どんな塗料がおすすめ？

この本で使用している主な塗料をご紹介します。お好みの色で塗装を楽しんでください。

水性塗料

色数も多くて扱いやすいおすすめの塗料。塗料のついたハケは水で洗い流せるのでお手入れも楽です。

水性スプレー塗料

スプレーなので、ハケでは塗りづらいリングの内側など、細かい部分もきれいに塗装できます。

水性ニス

雑誌やカタログなどの文字を柄としていかしつつ、色をつけたい場合におすすめです。濃い色に仕上げたいときは2〜3回重ね塗りをします。

水性絵の具

希釈ボンドに水性絵の具を直接混ぜて、塗装することもできます。その場合は少しずつ絵の具を足して、色を調整してください。18ページの作品はこの方法で塗装しました。

一緒に編んでみましょう！ かんたんくずかご

編む練習にもくずかごはぴったりです。
側面を編む際に、内側に型になる容器を当てて編むと編みやすく、きれいに仕上がります。

材料

A4雑誌を縦2分割した用紙99枚位
・縦芯…3連結チューブ13本
・編み芯…5連結チューブ12本位

用具

丸棒（縦芯、編み芯ともに4mmを使用）、型になる容器（直径16×高さ20cm）、ゴムひも、ワイヤー適宜

作り方のポイント

底面は、縦芯と編み芯の交差した部分を平らにつぶして安定させます。中に重りを入れた容器を包んで編むと安定して編み進められます。左利きの人は、4の根じめのあと、裏返して左巻きに編み進めます。

1. 縦芯用のチューブを半分に折り、中心を決めます。

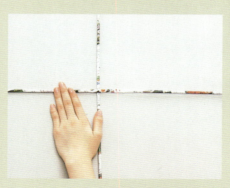

2. 交差するチューブも同様に折り、横棒は中心から3cm左に、縦棒は中心から3cm下の位置を組み始めとして交差させます。

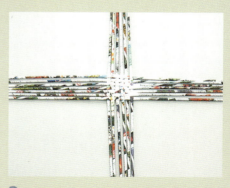

3. 交差点から、上側と右側に交互に組み足して、縦6本と横7本の縦芯を組みます。

Craft Lesson

4. 横7本のうち、1本を編み芯として根元で90度に折ります。縦芯に上下交互に通して1周し、根じめをします。縦芯を放射状に広げ、容器の底の直径16cmになるまで、ざる編みをします。

5. 輪にしたワイヤーを縦芯の下に入れ、重りを入れた容器を上に乗せます。
★重りは2ℓのペットボトルを利用すると便利です。

6. 容器を押さえてワイヤーを持ち上げ、縦芯を立ち上げます。ゴムひもを巻きつけてワイヤーを外します。

7. 編み芯を縦芯の外、内、外と交互に通してざる編みをします。容器の縁から4cm手前まで編み、容器を抜き取ります。

8. かごの縁が平らになるように、最後の1周は縦芯を2本飛ばして直前の編み芯に重ね、1周編みます。編み芯の端をボンドで止めます。

9. かご止めを応用して縁を始末します。縦芯を2.5cmほど折り曲げ、左隣の縦芯の内側から外に出します。

10. 外に出た編み芯は、左3本の縦芯を越えた先で内側にさし込みます。9～10をくり返し、最後の縦芯は最初の縦芯の網目に通します。

12. 希釈ボンドを全体に塗り、完成です。

PART 2
いろいろなかご

パーツ作りに慣れてきたら、少し大きなかごにチャレンジしてみましょう。
塗装でかごの雰囲気が変わるので、お好みに仕上げを楽しんで。

かごのトレー

フルーツやパンを入れるなど、さまざまな用途に使える浅底のトレー。十字組みでかっちりと底を組んだので重みにも耐えられます。底はざる編みで、縁始末のかご止め部分が側面になっています。

作り方は64ページ
デザイン／古木明美

大小2つのかごは入れ子にして収納できます。

入れ子のかご

カトラリーを入れたり、クロスを収納するなど、いくつあっても便利な長方形のかご。スペースに合わせて、横置きにも縦置きにも使えます。

作り方は65ページ
デザイン／加藤里美

PART2 いろいろなかご

底は編み目組み。縦芯を丸く放射状に広げるのがポイントです。

丸底のかご

ころんとしたフォルムが愛らしいかごは、高さもあるので細々した道具を収納するのにぴったり。側面の編み芯は電話帳の黄色地のページと白地のページを編み分けて、模様のように編んでみました。

作り方は66ページ
デザイン／古木明美

ワンハンドルの収納かご

手紙やカードをまとめておくのにちょうどいい、小さな長方形の収納かごです。紙の質感をいかして、希釈ボンドや塗装をしていませんが、かっちり仕上げたい方は希釈ボンドを塗って仕上げてください。

作り方は67ページ
デザイン／古木明美

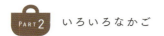

買いものかご

新聞紙で作る買いものかご。ヘリンボーンの編み目がアクセントです。複雑な編み方に見えますが、一段ずつ縦芯をずらして編むだけなので、実はとてもかんたん。作り方は写真つきでレッスンしています。

作り方は46ページ
デザイン／古木明美

とても軽いのも嬉しいポイント。マチがありたっぷりものが入ります。つめ込みすぎには気をつけて！

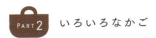
PART 2　いろいろなかご

帽子型のかご

帽子を逆さにしたようなユニークな形のかご。太めのチューブで編んでいるので、編み始めるとあっという間にでき上がります。お花を入れてこのまま贈っても喜ばれそう。

作り方は68ページ
デザイン／石上正志

鉢カバー

3つ編みした長い持ち手がアクセントの鉢カバー。極細の丸棒で巻いた細いチューブを使い、繊細な編み目に仕上げました。塗装次第で、和洋どちらの部屋に飾っても合いそうです。

作り方は69ページ
デザイン／石上正志

PART 2 いろいろなかご

和風の花器 大・小

手桶ふうの持ち手が和を感じさせる花器2点。チューブの表面を千代紙で表装して、一層和の雰囲気に仕上げました。花を生けるときは、中にビンを入れて使ってください。

作り方は70〜72ページ
デザイン／石上正志

バケツ型のくずかご
取っ手つきのくずかご

くずかごにも小もの入れにも、いろいろな使い道ができそうなかご2点。バケツ型のかごは、縦芯を等間隔にまっすぐ立てるのがきれいに仕上げるコツです。取っ手つきのかごは、編み芯の引き加減を調整して丸みをつけます。

作り方は73ページ（左）と74ページ（右）
デザイン／石上正志

PART2 いろいろなかご

ふたを閉じたところ。持ち手がついているので、開け閉めも楽です。

ふたつきのかご

細々したものを収納するのに便利なふたつきのかご。ふたがかぶさるように、編み芯は少しずつきつめに引いて編んでいき、入れ口を小さく作ります。

作り方は75ページ
デザイン／加藤里美

レターケース
ペン立て
豆皿

机回りの収納に役立つかご3点。新聞紙を使った幅広のプレスチューブで、北欧風に編みました。どのかごも、入れ口はプレスチューブを重ねて丈夫にしています。

作り方は76〜77ページ
デザイン／吉岡綾子

取っ手つきの丸かご

食器を入れて食卓へ。毎日のテーブルまわりで活躍してくれるラウンド型のかご。2つの持ち手は本体にしっかりと固定しているので、持ち運ぶ際も安心です。

作り方は72ページ
デザイン／石上正志

ワンハンドルの丸かご

底と側面をざる編みで作る、シンプルな丸底のかご。長めの持ち手をつけたので、中身を出し入れする際も持ち手が邪魔をしません。

作り方は73ページ
デザイン／石上正志

PART2 いろいろなかご

フルーツバスケット

左右の縁を高めにデザインした、深めのたっぷり入るバスケット。側面はシンプルな追いかけ編みで。その分、左右に取っ手をつけてアクセントにしました。

作り方は78ページ
デザイン／石上正志

野菜かご

野菜ストッカー用に便利な持ち手つきのかごです。通気性を考えて、底を網目組みする際、縦芯は間隔をあけて組んでいます。

作り方は79ページ
デザイン／石上正志

PART 2 いろいろなかご

スリッパ立て

チューブ、リング、パイプの3つのパーツで作るスリッパ立て。側面はリングのブロック6つを放射状に組み合わせて、花模様に配置してアクセントにしました。

作り方は61ページ
デザイン／石上正志

かさ立て

新聞紙ほぼ2週間分、見開き136枚で作る室内用のかさ立て。側面のパイプは、新聞紙4枚を重ねて巻くことで強度を出します。防水をかねて、仕上げの希釈ボンドと塗料はていねいに塗りましょう。

作り方は56〜57ページ
デザイン／石上正志

買いものかごの作り方 / P32

●材料
新聞紙1ページを縦3分割した用紙42枚
- 縦芯…プレスチューブ27本
- 編み芯…プレスチューブ18本
- 縁始末芯…2連結プレスチューブ1本
- 持ち手芯…チューブ4本
- 巻き芯…プレスチューブ6本

●用具
丸棒…9mm（縦芯、編み芯、縁始末芯）と4mm（持ち手芯、巻き芯）を使用

●あると便利な用具
クリップや洗濯バサミ
パレットナイフ

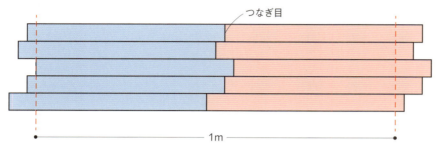

1. 縦芯2本を貼り合わせ、2連結したプレスチューブを5本作ります。横に5本並べて、負荷がかからないようにつなぎ目の位置を少しずつずらします。横幅は1m以上あればOKです。

2. 中央に1本、縦芯を互い違いに組みます。

3. 左右に8本ずつ縦芯を組み足します。横5本、縦17本の縦芯が組めました。縦芯がずれないように、4つ角（★）をボンドで止めます。

4. 定規を当て、縦芯を立ち上げます。

5. 縦芯を立ち上げたところ。

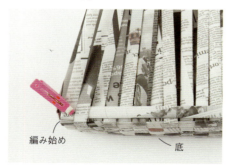

6. 編み始めは、縦芯2本の裏側に編み芯を重ねて、クリップで止めます。

7. 縦芯を2本ずつ、表、裏、表と交互にひろい編み進めます。

8. 角まで編んだら編み芯を折り、側面、後側、反対の側面へと一周編みます。

9. 編み芯が途中で足りなくなったらボンドでつなぎます。

10. 編み始めに戻ったら、2cmほど編み芯を重ねて余分をカットします。編み始めと終わりをボンドで止めます。

11. 1段目が編めました。

12. 2段目は1段目と縦芯を1本ずらして、1周編みます。編み始めの位置はどこからスタートしてもOKです。

13. 2段目が編めました。

14. 同様に、下の段と縦芯を1本ずつずらしながら12段編みます。

15. 縦芯を始末します。入れ口を包むように、縦芯を2本ずつ内側と外側に折ります。左右の端から4本目の縦芯は、持ち手をつけるので折らないでおきます。

16. まず内側に折った縦芯を編み芯に通して固定します。編み芯に通らない短い縦芯は、ボンドで貼って固定します。

17. 内側に折った縦芯を始末したところ。

買いものかごの作り方

18. 縁始末芯を入れ口の内側にそわせます。外側に折った縦芯を内側に折り返し、縁始末芯をはさんで編み芯に通して固定します。

19. 持ち手つけ位置を除くすべての縦芯が始末できました。固定した縦芯の余分はカットしておきます。

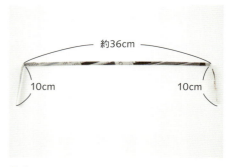

20. 持ち手芯4本を、両端から10cmの位置で折ります。

21. 2本の持ち手芯を、持ち手つけ位置に合わせて縁始末芯に通します。持ち手芯の端10cm分は重ねて貼ります。

22. 2本の持ち手芯を上部で重ねます。

23. 残しておいた縦芯を持ち手芯に重ねて貼ります。

24. 巻き芯を持ち手芯に巻きつけます。足りなくなったら巻き芯を足して巻き進めます。巻き始めと終わりだけボンドで止めます。

25. 持ち手ができました。もう片方の持ち手も同様につけます。

26. 希釈ボンドを全体に塗り、完成です。

皆で楽しむレクリエーションのアイデア

リハビリで作品を作る際、教える人もつきっきりではできないので、かんたんに作れて楽しいものを常に考えていました。ここでは、お子さんからシニアの方まで、皆さんで楽しんで作れる作品のアイデアをご紹介します。

その1 かんたんペン立て

底をリングで作り、リングの周りにパイプを貼っただけのかんたんペン立てです。リングの幅を大きくすると、ちょっとした小もの入れにもなります。パイプは1cm以上の太めの丸棒で巻くと、本数が少なくすむので早く仕上がります。

皆さんが作ったペン立てです。パーツの用意と仕上げはスタッフと協力して仕上ました。中には持ち手をつけて、花器のようにアレンジされている方もいます。

リングを使ったアイデア小もの

リングはブロックのようにたくさんつなげることで大きくなり、形や模様が自由に作れます。

その2 花びん敷き

51ページの「リングブロックの作り方」を参照して、いろいろな形のリングブロックを作ってみましょう。塗装して花びん敷きとして使えます。リングは時間のあるときに作りためておいてもいいですね。

226個ものリングで構成された大きな敷きものです。リングは側面を見せて配置すると変化が出ておもしろい見え方になります。

その3 時計

リングブロックを使って時計を作るアイデアです。中心のリングに針と機械を取りつけるだけで完成。時計の針や機械、文字盤の数字はすべて100円ショップのものを利用しました。

時計の裏側。下部にリングの支えを取りつけると置き時計に。

時計の針や機械をつける前のリングブロックです。

リングブロックの作り方

1. 5枚の連結チューブで作った大きなリングと、チューブで作ったリング20個を用意します。

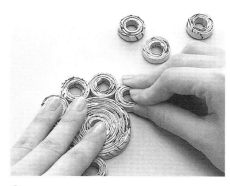

2. 大きなリングの周りに10個のリングを並べます。

3. 両面テープで巻き締めます。

4. リングとリングのすき間にもう1周、10個のリングを並べ、両面テープで巻き締めます。

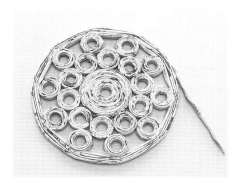

5. 5枚の連結テープを巻き重ね、巻き終わりをのりづけします。

6. 中央のリングは指で押すと外れます。リングは外しても、全体の構造は安定しています。

いろいろな形のリングブロックを作ってみましょう！
大きいものは敷きものに、小さいものはブローチにしても。

その4 パイプ板のコースター

細いパイプを貼り合わせたパイプの板をカットしてコースターに。そのまま色を塗ってもいいですが、さらに細かく三角形や四角形に切って組んだり、配色を考えたり、小さな四角形の中をどう構成するかがテーマの作品です。

パイプ板の作り方

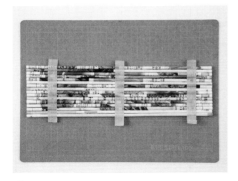

1. パイプをそろえてマスキングテープで仮止めします。

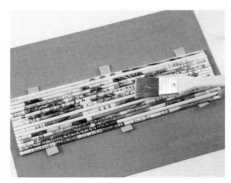

2. 裏返して希釈ボンドを塗ります。ハケを垂直に当てて、溝にボンドのすじが浮き上がって見えるまで丁寧に塗ります。

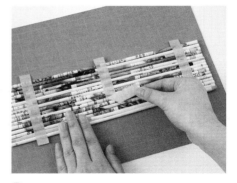

3. 乾いたら表に返してマスキングテープをはがします。表も希釈ボンドを塗って乾かします。

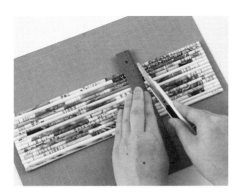

4. 定規を当てて、カッターナイフで段ボールを切るように少しずつ切れ目を深くしてカットします。

5. パイプ板がコースターにカットできました。

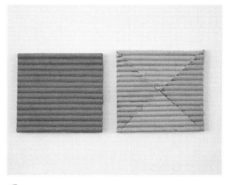

6. 1枚のコースターをさらにカットして、模様を作ることもできます。接着するときは、ずれないように気をつけて貼ります。

この本の作り方

作りはじめる前に

●段数よりサイズをチェック
編み芯の引き加減によっては、底面の大きさや側面の高さと段差に誤差が出る場合があります。その場合は作りたいサイズを優先して編みます。編み芯の本数が不足したときは、新しく作ってください。

●古紙を有効利用
作品で使用した用紙に限らず、同じ紙質と厚さで枚数がとれる紙なら、お子さんの教科書やノート、旅行のパンフレット、通販カタログ、新聞の折り込みチラシなども利用できます。

●必要本数をまとめて作る
同じ人が同じ丸棒で用紙を巻いても手加減によっては太さが不ぞろいになるので、最初に必要本数を作っておくことをおすすめします。

●身の回りのものから
丸棒は毛糸の編み棒や菜箸、植木の支柱、太いものではモップの柄まで利用でき、代用することができます。

こま／16ページ

●材料（中サイズのこま1個分）
A4電話帳を縦2分割した用紙5枚位（5連結チューブ1本）、ホットドッグの棒1本

●作り方のポイント
中サイズのこまはホットドッグの棒を軸に、小サイズのこまは竹串を軸にするといい。軸を丸棒代わりにしてリングを作る。こまにカーブをつけたいときは、ゴルフボールなどを利用して形を作る。

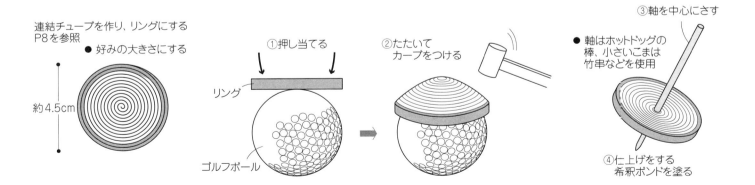

ボウル 大・中・小／11ページ

● 材料
A4電話帳を縦2分割した用紙：大…54枚位（3連結チューブ18本位）、中…39枚位（3連結チューブ13本位）、小…33枚位（3連結チューブ11本位）
紙ひも15号（太さ2.2mm）：大…18m、中…13m、小…11m

● 用具
丸棒（3mm）、ボウル 大（直径20cm）・中（直径17cm）・小（直径15.5cm）各1個、つまようじ1本

● 作り方のポイント
連結チューブをボウルにそわせて巻く際、傾斜の急な箇所はボンドを少しつけて、チューブどうしを止める。また希釈ボンドはこまめに塗り、乾かしながら進めると作業しやすく形もきれいに出る。

〈1 3連結チューブを作る〉
● 連結チューブの作り方はP7を参照

- 大…水色地8本・白地10本
- 中…ピンク地3本・白地10本
- 小…緑地1本・白地10本

用紙3枚を連結して巻く

〈2 3連結チューブに紙ひもを通す〉

〈3 底を作る〉

作品に使用した底のサイズ
- 大…12cm
- 中…10cm
- 小…9cm

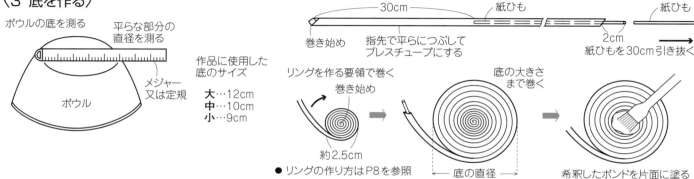

● リングの作り方はP8を参照

〈4 巻いた底をボウルにそわせる〉

〈5 側面を巻く〉

〈6 仕上げをする〉
● 仕上げの仕方はP25を参照

- 大 20cm / 9cm
- 中 17cm / 7.5cm
- 小 15.5cm / 7.5cm

トイレットペーパーホルダー／14ページ

● 材料
A4電話帳を縦2分割した用紙56枚（多重リング・巻き締め用…5連結プレステープ4本、リング用…プレスチューブ36本）
A4雑誌・中ページの薄紙24枚（パイプ板用）

● 用具
丸棒（チューブ用4mm、リング用10mm、パイプ用8mm）、えんぴつ1本

● 作り方のポイント
23本のパイプ板を作って2等分した2組のパイプ板と、残りの1本のパイプを4等分したうちの2本を使って接着する。ペーパーの補給口を円周の1/4に見込み、ブロックに巻いた両面テープの剥離紙は残し、あとははがしてパイプ板を接着する。

〈1 パイプ板を作る〉

A4用紙　21cm × 29.7cm

8mm丸棒で矢印の方向に巻いてパイプを24本作る　29.7cm

● パイプ板の作り方はP52を参照

① 23本でパイプ板を作る　23本
② カッターで2等分する　29.7cm

① 23枚のパイプ板2組をボンドで接ぐ

パイプは全体で47本

② 1本のパイプを4等分に切り、上下にボンドでつける

〈2 プレステープとリングを作る〉

4mm丸棒で5連結チューブを4本作り、それぞれプレステープにする

① プレステープで多重リングを2個作る

4mm丸棒でチューブを36本作りプレスチューブにする

底用だけ外周に両面テープを巻く

10mm丸棒で36個のリングにする　直径約0.9cm

〈3 リングブロックを2枚作る〉
P51を参照

② ふた用は中心の多重リングを指で押してはずす

① 剥離紙をはがし、5連結プレステープを巻く
両面テープで1.2周の外周を巻き締める
直径約12cm

中心の多重リング 直径約3.8cm
1周目直径約7.8cm
2周目直径約11cm

〈4 側面とリングブロックを組み立てる〉

① ふたと底のプレステープの外周に両面テープを貼る

ペーパーの出し入れ口（ふたのみ）

③ パイプ板を巻く

② ペーパーの補給口は剥離紙を残す（円周の1/4）。3/4ははがす

約15cm　底

④ ペーパーの補給口は剥離紙ははがさず、パイプを合わせてえんぴつを通す

〈5 希釈ボンドを塗る〉
① 外周全体に希釈ボンドを塗る
② 5〜6時間後えんぴつをはずし残した剥離紙をはがす
③ 内側全体に希釈ボンドを塗る

〈6 仕上げをする〉
P25を参照

えんぴつ立て／14ページ

●材料
A4電話帳を2分割した用紙31枚(底面用…プレスチューブ10本、4連結・5連結プレステープ各1本、支柱用…3連結プレステープ2本、6連結プレステープ1本)
A4雑誌・厚紙5枚(パイプ板用)

●用具
丸棒(チューブ・リング用4mm、パイプ用10mm)

●作り方のポイント
5本のパイプ板を5等分し、ボンドで接着して24本の1枚板にする。パイプ板の作り方はP52を参照。

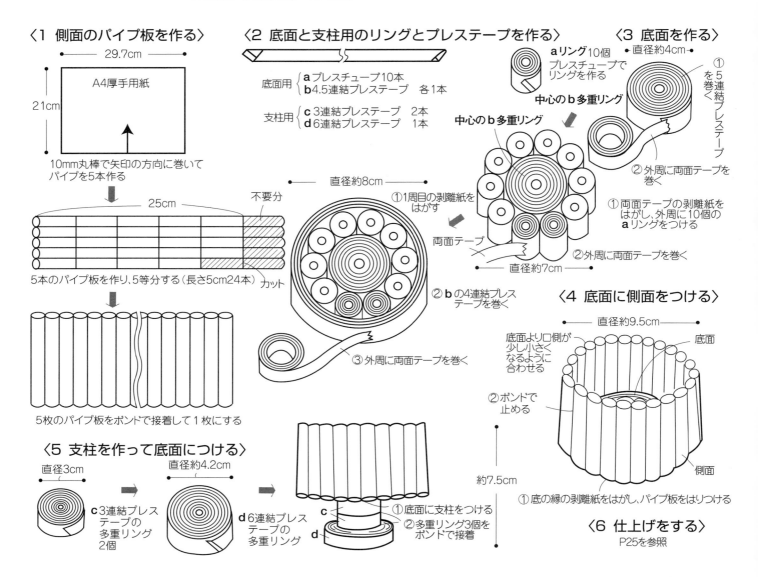

かさ立て／45ページ

●材料
新聞紙・見開き136枚(4枚の強化パイプ34本)

●用具
丸棒(4mm×長さ70cm位)、プラスチックの筒状容器(直径18.5×高さ21cm)、ビニール袋(30×35cm位)、輪ゴム

●作り方のポイント
プラスチック容器の周りに、強化パイプをまず等間隔に4本立て、周りを埋めるように残りの30本を立てる。すき間が出る場合は全体を少し押し込んでパイプを広げ、飛び出し気味のパイプは、パイプ間を狭めて押し込む。希釈ボンドと塗料は、強化と防水を兼ねてていねいに塗る。

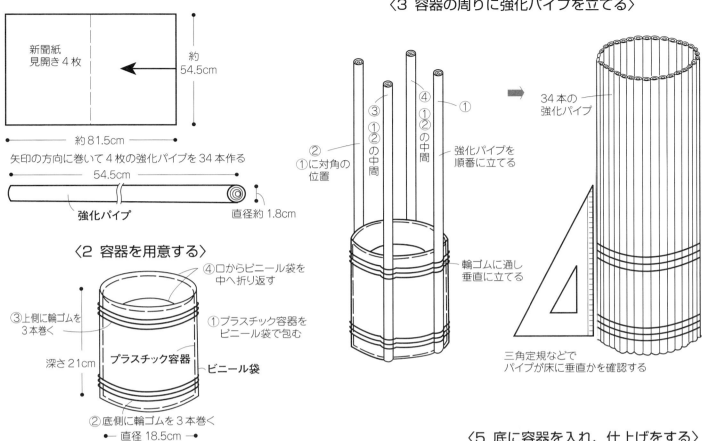
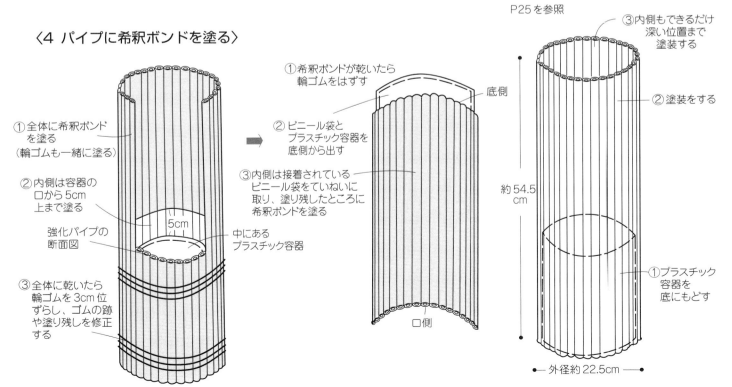

階段式小もの入れ／15ページ

● 材料
A4雑誌・中ページの薄紙53枚（パイプ…50本、飾り…3枚を縦2分割して2連結プレステープを3本）

● 用具
丸棒（4mm）、1000mlの牛乳パック3個（7cm角）

● 作り方のポイント
50本のパイプを作り、使用する牛乳パックの高さより0.2cm長く切り、指定の本数を用意する。段違いにカットした牛乳パック3個を合わせてから、すき間があかないようにパイプを貼る。仕上げの塗装は、パックの中に塗料がつかないように、入れ口にマスキングテープを貼って塗る。

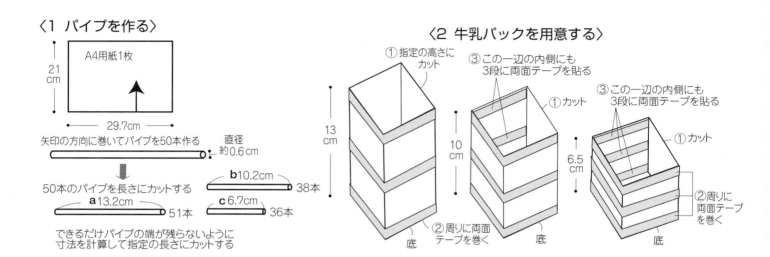

〈1 パイプを作る〉
A4用紙1枚 21cm × 29.7cm
矢印の方向に巻いてパイプを50本作る
直径約0.6cm
50本のパイプを長さにカットする
a 13.2cm … 51本
b 10.2cm … 38本
c 6.7cm … 36本
できるだけパイプの端が残らないように寸法を計算して指定の長さにカットする

〈2 牛乳パックを用意する〉
①指定の高さにカット（13cm / 10cm / 6.5cm）
②周りに両面テープを巻く
③この一辺の内側にも3段に両面テープを貼る

〈3 パックの周囲にパイプを貼る〉
①牛乳パックを貼り合わせる
②牛乳パックの切り口より少し上から底までパイプをはる
aパイプ 13本 13本 / bパイプ 12本 13本 / cパイプ 13本 12本 12本

〈4 飾りを作る〉
縦2分割した用紙6枚で2連結プレステープを3本作る
飾り3種
ハート型 赤 2.8cm
三角 青 2.5cm
四角 青 2.2cm
①プレステープを巻く
②最後はボンドで止める
③希釈ボンドを塗り塗料を塗る

〈5 仕上げをする〉
P25を参照
・パックの中は塗らない
①希釈ボンドを塗り塗料を塗る
②飾りは速乾ボンドで表面につける
3cm / 13.2cm / 6.7cm / 約22.5cm / 約8cm
赤・白・青

オーナメント／17ページ

● 材料
多面体：A4雑誌・中ページの薄紙を縦2分割した用紙6枚（チューブを作り希釈ボンドを塗り乾かす。各サイズにカットする）大…10cm×12本、糸230cm、小…5cm×12本、糸120cm
星：A4雑誌・中ページの薄紙を縦2分割した用紙2枚（チューブを作り希釈ボンドを塗り乾かす。各サイズにカットする）10cm×5本、糸80cm

● 用具
丸棒（3mm）

● 作り方のポイント
多面体：順番に糸を通して指定の部分を結びながら形を作っていく。大の中に小を入れて糸を結び好みの長さにする。
星：チューブ5本に続けて糸を通して結ぶ。指定の部分を持ち上げて重ね、星の形を作ってボンドで固定する。

 多面体

〈1 チューブを作る〉● チューブの作り方はP6を参照　大…10cm×12本　小…5cm×12本
〈2 チューブに糸を通して形を作る〉順番に糸を通し、★で結ぶ

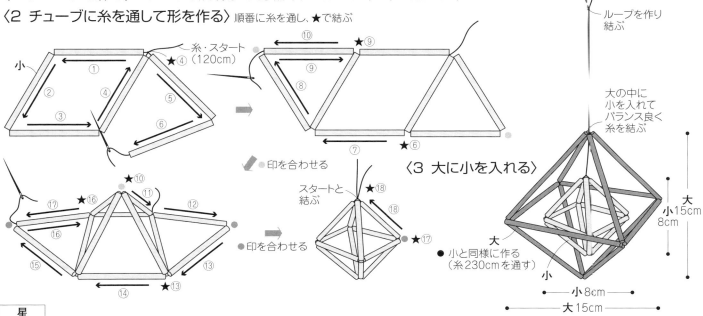

星

〈1 チューブを作る〉● チューブの作り方はP6を参照
〈2 チューブに糸を通して形を作る〉順番に糸を通して★で結ぶ

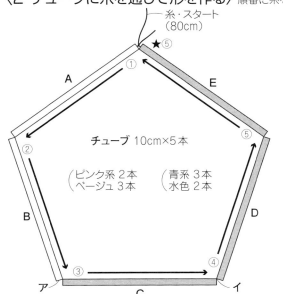

〈3 チューブを重ねて星の形にする〉

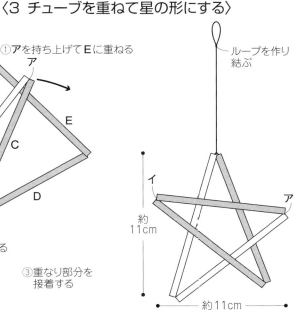

平ざる 中・小 / 18ページ

● 材料
小：A4電話帳を縦2分割した用紙13枚位（縦芯…チューブ9本、編み芯…2連結チューブ2本位）
中：A4電話帳を縦2分割した用紙35枚位（縦芯…2連結チューブ13本、編み芯…3連結チューブ3本位）

● 用具
丸棒（縦芯、編み芯共に小は4mm、中は3mm）

● 作り方のポイント
縦芯を組んで交差した部分と、根じめの編み芯と縦芯の重なる部分は、押しつぶして安定させる。ざる編みは編み芯を手元に引き締めながら編むとしっかり安定して形も崩れません。

小型の作り方

〈1 縦芯を組む〉

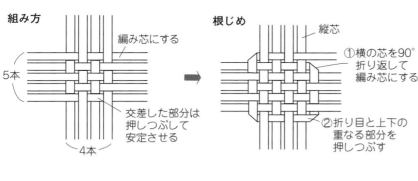

〈2 底面を編む〉

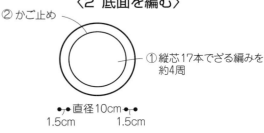

①縦芯17本でざる編みを約4周
②かご止め
直径10cm
1.5cm / 1.5cm

中型の作り方

〈1 縦芯を組む〉

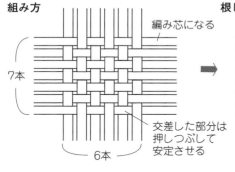

● 中型は縦芯が25本になり同様にざる編みをする

縦芯を放射状に広げながらざる編みをする

〈2 底面を編む〉

①縦芯25本でざる編みを約8周
②かご止め
直径15cm
1cm / 1cm

〈3 仕上げをする〉 P25を参照 2点共通

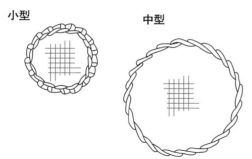

小型　中型

手作りを実感 平ざる作りのヒント

● 大きさ、形は自由自在　放射状に広がる縦芯に編み芯を素直に通して作れば平らな型に、縦芯を気持ち立ち上げて作れば椀型になります。P22のような組み方から始めても良く、縦芯の本数を途中で増しながら編めば大きな皿になり、楕円型の皿も作れます。

● 縦芯と編み芯の用紙を変える　A4雑誌の濃い色のページを選んで縦芯にし、編み芯を淡い色のページや、電話帳にすると、中心部分と縁どりの縦芯の濃い色が、全体を引き締めるアクセントになってきれいな仕上がりに。

● 思い出を包んでセットに　家族の共通の思い出がある旅行のパンフレットや雑誌などで、人数分の皿をセットで作るのも楽しい作業です。家族団らんのひとときに、古紙を利用して作るお揃いの平ざるは、プロセスの中で子どもからお年寄りまで参加でき、1つのものを仕上げる楽しさも実感できます。

スリッパ立て／44ページ

●材料
新聞紙・見開き14枚（2枚の強化パイプ7本）
A4電話帳・120枚（リングブロック用…2連結プレステープ60本）
A4雑誌・中ページの薄紙を縦2分割した用紙24枚（リングプレートの巻き締め用…4連結プレステープ6本）

●用具
丸棒（パイプ用4mm×長さ70cm位、チューブ用8mm、リング用15mm）

●作り方のポイント
4個のリングを菱形に組んで、連結プレステープで巻き締めたものが、6個1組のリングプレートになる。横置きで安定するように、パイプを通す。

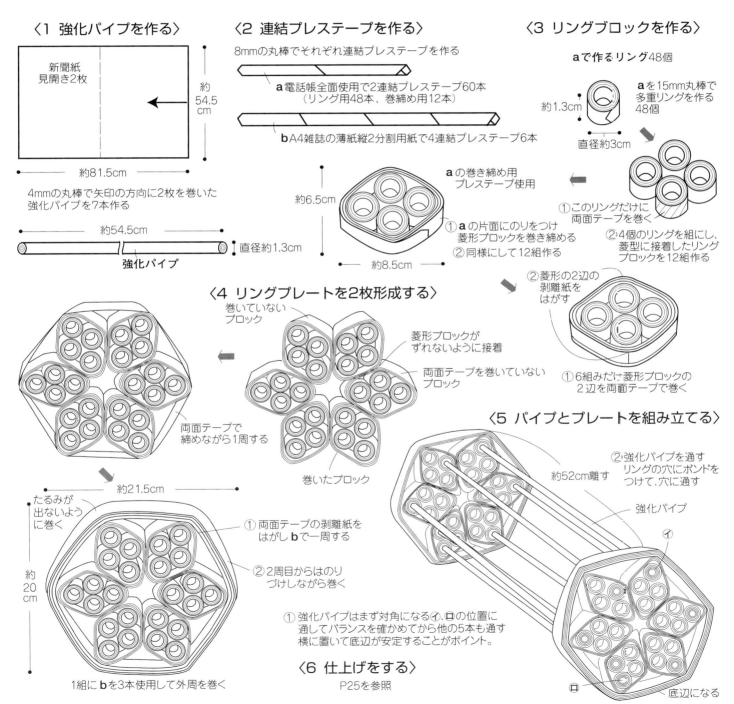

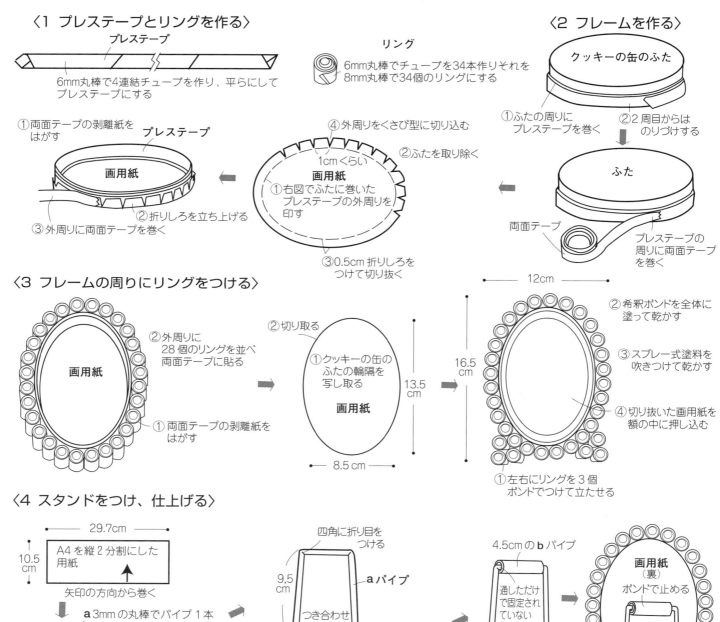

写真立て 大 ／20ページ

● 材料
A4電話帳を縦2分割した用紙62枚(フレーム用…5連結プレステープ4本、リング用…チューブ42本)
A4雑誌・厚紙1枚を縦2分割した用紙2枚(スタンド用)
A4画用紙か無地厚紙2枚

● 用具
丸棒(チューブ、リング共に6mm、パイプ用3mmと6mm)、クッキー缶などの容器(使用した缶のふたは直径18cm)

● 作り方のポイント
容器の大きさや形が違う場合は、その容器に合わせてリングの数を調整する。P62の「写真立て 小」と作り方の手順は同じ。スタンドも同様に作ります。

〈1 プレステープとリングを作る〉

5連結チューブでプレステープを4本作る

チューブを42本作りそれぞれリングにする

● 詳しい作り方はP62を参照

〈2 フレームの縁どりをする〉

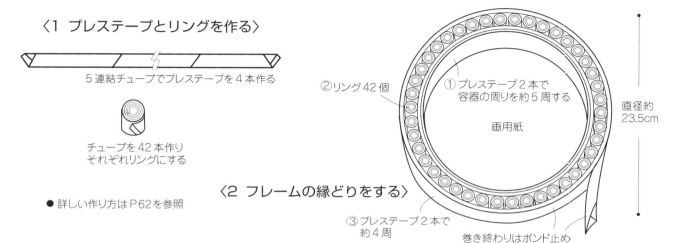

① プレステープ2本で容器の周りを約5周する 画用紙
② リング42個
③ プレステープ2本で約4周
巻き終わりはボンド止め
直径約23.5cm

紙コップ立て ／21ページ

● 材料
A4雑誌・中ページの薄紙を縦2分割した用紙8枚(プレスチューブ2本、3連結プレステープ2本)
A4雑誌・表紙を縦2分割した用紙1枚(持ち手用)

● 用具
丸棒(6mm)、紙かプラスチックコップ(口の直径7cm、深さ8～9cm)

● 作り方のポイント
持ち手用の表紙の厚紙は、一度水につけてタオルで水分をふき取り、湿ったままの状態で丸棒に巻きチューブを作る。持ち手らしくカーブを作っておく。仕上げはコップの表側のみ全体に希釈ボンドを塗って補強し、塗料を塗る。用紙の模様をそのままいかしたい場合は、希釈ボンドだけで仕上げる。

〈1 チューブを作る〉

口側と底側用プレスチューブ2本

3連結プレステープを2本位

〈2 持ち手を作る〉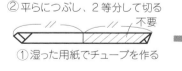

② 平らにつぶし、2等分して切る
不要
① 湿った用紙でチューブを作る

持ち手らしくカーブを作る

〈3 コップに両面テープを貼る〉

④ 反対側の表にも縦に2本貼る
両面テープ2段
① 両面テープで1周するつき合わせる
③ 縦に両面テープを2本貼る
② 両面テープで1周する
1cm

〈4 コップにチューブを巻く〉

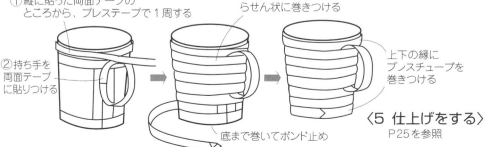

① 縦に貼った両面テープのところから、プレステープで1周する
② 持ち手を両面テープに貼りつける
持ち手の輪をくぐりながらプレステープをらせん状に巻きつける
底まで巻いてボンド止め
上下の縁にプレスチューブを巻きつける

〈5 仕上げをする〉
P25を参照

かごのトレー / 28ページ

● 材料
A4電話帳を縦2分割した用紙57枚位（縦芯…2連結チューブ11本、編み芯…2連結チューブ7本位、増し芯…チューブ21本）

● 用具
丸棒（4mm）

● 作り方のポイント
縦芯を組み、1本増し芯をして2本ずつ芯にして放射状にざる編みを7周編む。増し芯は2本1組にして10組を加えてざる編みを9周編む。

〈1 縦芯を組む〉 ● P22を参照

〈2 底面を編む〉

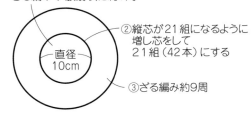

① 縦芯に1本増し芯をし、2本どりで11組（22本）をざる編みで放射状に約7周
② 縦芯が21組になるように増し芯をして21組（42本）にする
③ ざる編み約9周

直径10cm／直径21cm

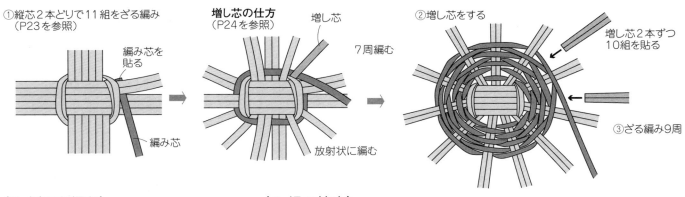

① 縦芯2本どりで11組をざる編み（P23を参照）
編み芯を貼る／編み芯
増し芯の仕方（P24を参照）／増し芯／7周編む／放射状に編む
② 増し芯をする／増し芯2本ずつ10組を貼る／③ ざる編み9周

〈3 側面を編む〉
① 編み芯をボンドで貼る
② 残りの縦芯を立ち上げる

〈4 縁の始末〉
① 右隣の縦芯に内、外、内、外、内の順にかける
3.5cm
P24を参照
② 余分はカットし、ボンドで貼る

〈5 仕上げをする〉
希釈ボンドを塗り、塗装する
P25を参照

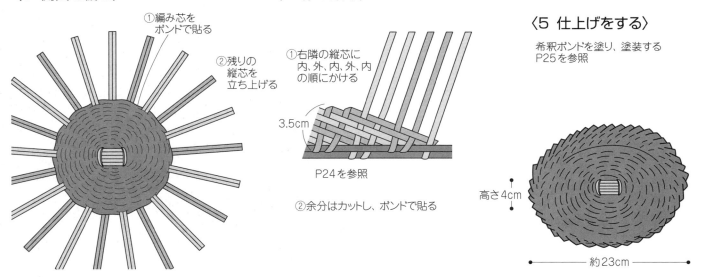

高さ4cm ／ 約23cm

入れ子のかご ／29ページ

● 材料
大：A4電話帳を縦2分割した用紙139枚位（縦芯…2連結チューブ9本、横芯…3連結チューブ7本、底編み芯…2連結チューブ12本、側面編み芯…3連結チューブ22本、持ち手…チューブ4本、持ち手巻き用…3連結プレステープ2本）

小：A4電話帳を縦2分割した用紙82枚位（縦芯…2連結チューブ7本、横芯…2連結チューブ5本、底編み芯…3連結チューブ4本、側面編み芯…3連結チューブ12本、持ち手…チューブ4本、持ち手巻き用…3連結プレステープ2本）

● 用具
丸棒（3mm）

● 作り方のポイント
方眼用紙に底の案内線を描き、縦芯を等間隔に並べて中央の横芯を組む。その上下に底編み芯を指定回数折り返して編み、横芯を組む。これをくり返し、角をボンドで固定して底を作る。

〈1 底面を組む〉

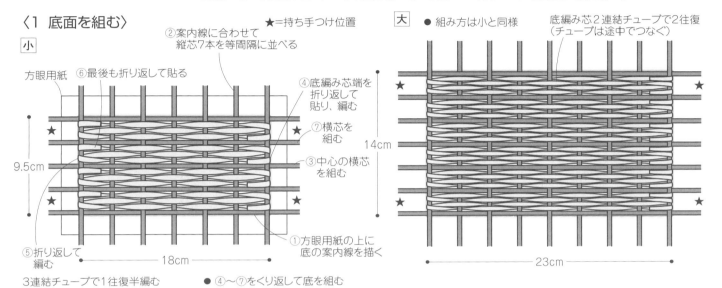

★=持ち手つけ位置

小
- ①方眼用紙の上に底の案内線を描く
- ②案内線に合わせて縦芯7本を等間隔に並べる
- ③中心の横芯を組む
- ④底編み芯端を折り返して貼り、編む
- ⑤折り返して編む
- ⑥最後も折り返して貼る
- ⑦横芯を組む
- 3連結チューブで1往復半編む
- ④〜⑦をくり返して底を組む
- 9.5cm / 18cm

大
- 組み方は小と同様
- 底編み芯2連結チューブで2往復（チューブは途中でつなぐ）
- 14cm / 23cm

〈2 側面を編む〉

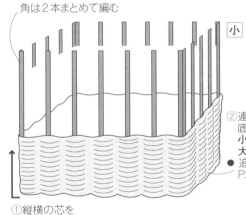

- 角は2本まとめて編む
- ①縦横の芯を垂直に立ち上げる
- ②連結チューブの端を底に貼り追いかけ編み
  小は8周16段、大は10周20段
- 追いかけ編みはP23を参照

〈3 縁を始末する〉 ● 縁の始末はP24を参照

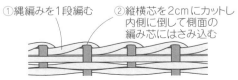

- ①縄編みを1段編む
- ②縦横芯を2cmにカットし内側に倒して側面の編み芯にはさみ込む

〈4 持ち手をつける〉

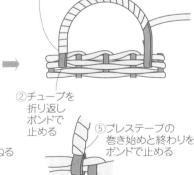

小
- ①縄編みの★に通す
- ●大は18cmの長さにする
- 14cm
- チューブ2本を重ねる
- ②チューブを折り返しボンドで止める
- ③3連結プレステープ1本で根元から巻く
- ⑤プレステープの巻き始めと終わりをボンドで止める

〈5 仕上げをする〉
希釈ボンドを塗り、塗装する
P25を参照

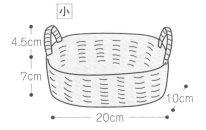
小 4.5cm / 7cm / 20cm / 10cm

大 6cm / 9cm / 25cm / 15cm

丸底のかご / 30ページ

● 材料
A4電話帳を縦2分割した用紙・白地32枚位、黄色地24枚位(縦芯用…2連結チューブ白13本、底編み芯…3連結チューブ黄3本、側面編み芯…2連結チューブ白3本、側面編み芯…3連結チューブ黄5本)

● 用具
丸棒(3mm)

● 作り方のポイント
縦芯を組み、根じめをしてボンドで固定する。底、側面と色を変えて編む。

準備するチューブ

		チューブ	色	本数
1	縦芯	2連結	白	13
2	底編み芯	3連結	黄	3
3	側面編み芯a	2連結	白	2
4	側面編み芯b	3連結	黄	5
5	側面編み芯c	2連結	白	1

〈1 縦芯を組む〉

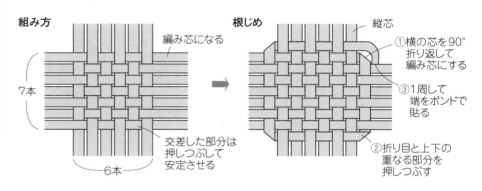

〈2 底面を編む〉

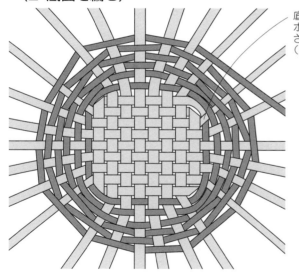

底編み芯の端をボンドで貼り、ざる編みで6周編む（P23を参照）

〈3 側面を編む〉

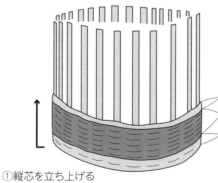

ざる編み 白1段（側面編み芯c）
ざる編み 黄8段（側面編み芯b）
ざる編み 白2段（側面編み芯a）

①縦芯を立ち上げる

〈4 縁の始末〉

P24を参照　縦芯の余分をカットし、ボンドで貼る

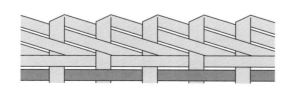

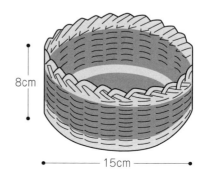

8cm / 15cm

ワンハンドルの収納かご／31ページ

● **材料**
A4電話帳を縦2分割した用紙72枚位(縦芯…3連結プレステープ12本、底編み芯…2連結プレステープ2本、側面編み芯…4連結プレステープ6本、持ち手…4連結プレステープ1本、持ち手巻き用…4連結プレステープ1本)

● **用具**
丸棒(4mm)

● **作り方のポイント**
方眼用紙に底の案内線を描き、案内線にそわせて縦芯9本を等間隔に並べ、中央の横に縦芯を組む。上下に底編み芯を折り返し編み、横の縦芯を組んで底を作る。持ち手は端から26cm、26cmの位置で2か所折り、持ち手つけ位置の編み芯に通して2重に重ねて貼る。持ち手の残りも重ね、4重に重ねた持ち手をつける。

〈1 縦芯を組む〉

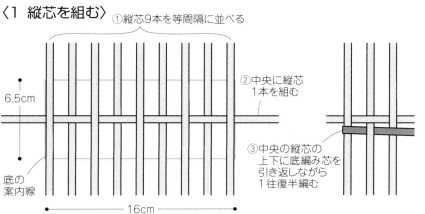

①縦芯9本を等間隔に並べる
②中央に縦芯1本を組む
③中央の縦芯の上下に底編み芯を引き返しながら1往復半編む
底の案内線
6.5cm / 16cm

準備するチューブ

		テープ	本数
1	縦芯	3連結	12
2	底編み芯	2連結	2
3	側面編み芯	4連結	6
4	持ち手	4連結	1
5	持ち手巻用	4連結	1

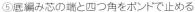

⑤底編み芯の端と四つ角をボンドで止める
④上下に縦芯を組む

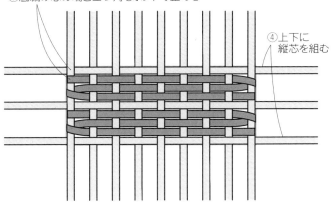

〈2 側面を編む〉

★=持ち手つけ位置

③追いかけ編み7周、14段
● 追いかけ編みはP23を参照
④編み終わりは縦芯の裏にボンドで貼る
②側面編み芯2本を重ねて貼る
①縦芯を立ち上げる
スタート

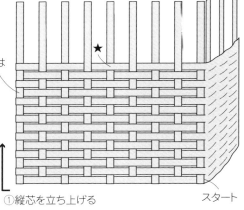

〈3 縁の始末をする〉
P24を参照

〈4 持ち手をつける〉

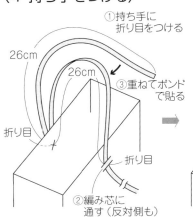

①持ち手に折り目をつける
26cm / 26cm
③重ねてボンドで貼る
折り目
②編み芯に通す(反対側も)

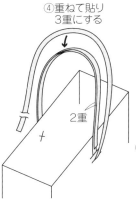

④重ねて貼り3重にする
2重

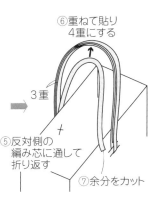

⑥重ねて貼り4重にする
3重
⑤反対側の編み芯に通して折り返す
⑦余分をカット

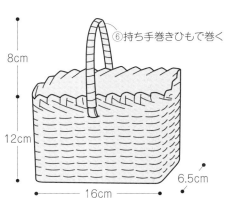

⑥持ち手巻きひもで巻く
8cm / 12cm / 6.5cm / 16cm

帽子型のかご ／34ページ

● 材料
A4雑誌・中ページの薄紙を縦2分割した用紙66枚位（縦芯…2連結チューブ6本、編み芯…3連結チューブ18本位）
A4雑誌・中ページの薄紙を縦3分割した用紙12枚（持ち手…2連結チューブ6本）
● 用具
丸棒（縦芯、編み芯共に5mm、持ち手のチューブ用3mm）、輪ゴム

● 作り方のポイント
底面から縁まで、帽子の形をイメージしながら、縦芯を放射状に広げて、なだらかに編む。縁は縦芯で編み芯をはさみ、折り返して止める。持ち手は3つ編みをきつめに編み、両端をかごの裏側へ通してボンドでしっかり止めつける。

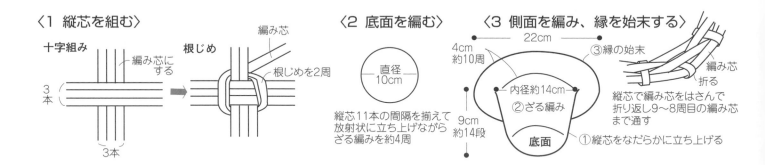

〈1 縦芯を組む〉 〈2 底面を編む〉 〈3 側面を編み、縁を始末する〉

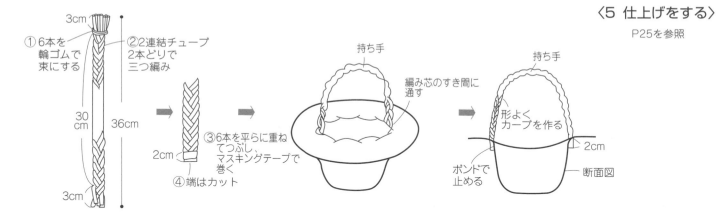

〈4 持ち手をつける〉 〈5 仕上げをする〉
P25を参照

鉢カバー／35ページ

● 材料
A4雑誌・中ページの薄紙を縦3分割した用紙178枚位（縦芯…3連結チューブ11本、増し芯…チューブ21本、編み芯…3連結チューブ37本位、持ち手…4連結チューブ3本、チューブ1本）

● 用具
丸棒（2.5mm）

● 作り方のポイント
底の中心がずれないように、根じめはきつめに2周巻く。チューブが細いので、しっかり丈夫に形作るために、縦芯は2本取りにし、縦芯をすくう度に編み芯を強くひっぱりながら編む。縦芯が編み芯に隠れて目立たない程度に編むときれいに仕上がる。持ち手は連結チューブの端をざる編みの3段下に通して折り上げ、一緒に3つ編みする。

〈1 縦芯を組む〉　　　　　　　　　　　　　〈2 底面を編む〉

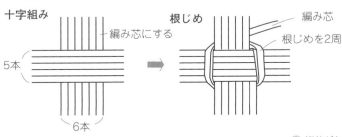

〈3 側面を編み、縁を始末する〉　　　　〈4 持ち手をつける〉　〈5 仕上げをする〉

P25を参照

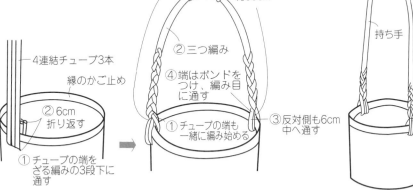

和風の花器 大 ／36ページ

● 材料
A4電話帳を縦2分割した用紙4枚(底面多重リングと巻き締め用…2連結プレステープ2本)
A4電話帳を横3分割した用紙8枚(底面リング用…プレスチューブ8本)
A4雑誌・中ページの薄紙を縦2分割した用紙47枚(側面用…2連結チューブ6本、チューブ35本)
表装紙(千代紙、和紙、ファンシーペーパーなど)縦目にそって2.5×35cmに切ったもの47枚

● 用具
丸棒(底面、側面共に3mm)、直径6cmの筒、輪ゴム

● 作り方のポイント
側面用の2連結チューブは、表装した連結なしのチューブ2本をつないで2連結チューブにする。P6のチューブのつなぎ方を参照。

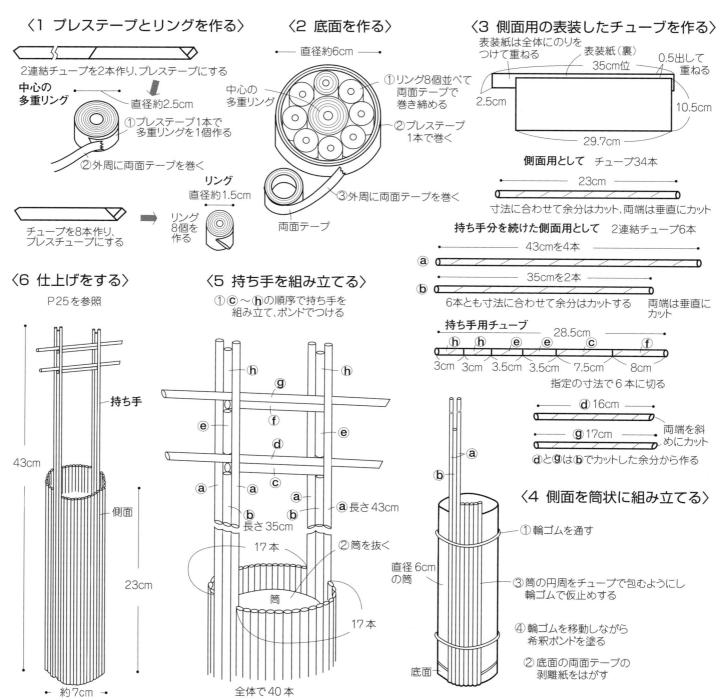

和風の花器 小 / 36ページ

●材料
A4電話帳を縦2分割した用紙17枚(底面多重リングと巻き締め用…3連結プレステープ3本、リング用…プレチューブ8本)
A4雑誌・中ページの薄紙を縦2分割した用紙31枚(側面用…チューブ31本)
表装紙(千代紙、和紙、ファンシーペーパーなど)縦目にそって2.5×35cmに切ったもの31枚

●用具
丸棒(底面、側面共に4mm)

●作り方のポイント
外形9cm、深さ12cmの円筒形になるように、パイプ板を作る要領で表装したチューブ板を作る。花器の中にビンやコップを入れて使用します。

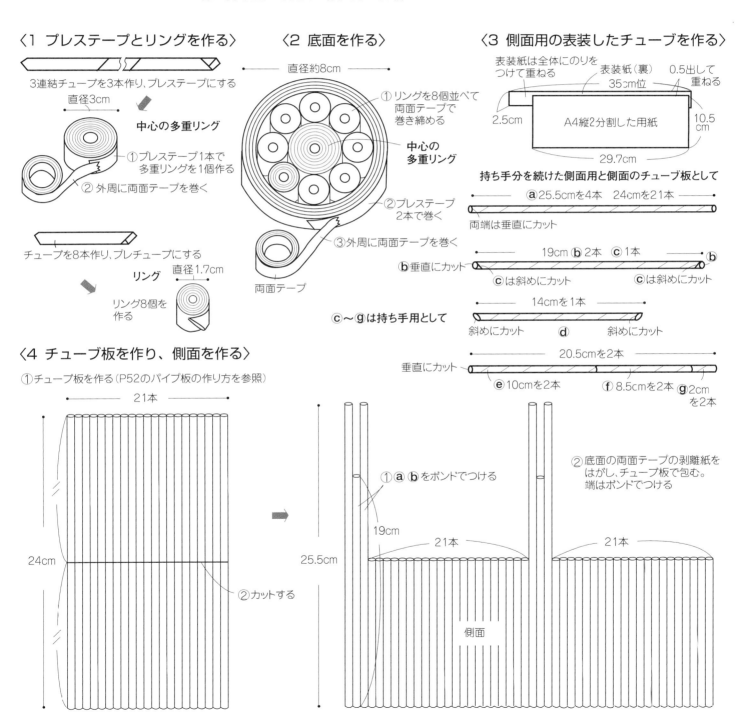

● P72へ続く

〈5 持ち手を組み立てる〉

f、e、d → g → f、e、c
持ち手部分を順番に組み立て
ボンドでつける

〈6 仕上げをする〉
P25を参照

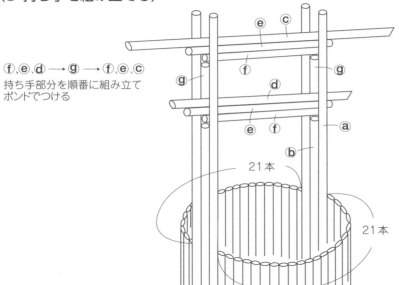
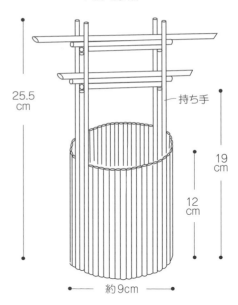

取っ手つきの丸かご / 40ページ

● 材料
A4雑誌・中ページの薄紙を縦3分割した用紙208枚位(縦芯…3連結チューブ11本、増し芯…2連結チューブ21本、編み芯…3連結チューブ41本位、取っ手…チューブ4本、3連結プレステープ2本)

● 用具
丸棒(3mm)

● 作り方のポイント
ざる編みの編み芯の引き加減によって指定の段数と差が出ますが、段数は目安として、作るかごの底面の直径や深さ、上から見たときにきれいに丸く整っているかなどのチェックをしましょう。

〈1 縦芯を組む〉

〈2 底面を編む〉

〈3 側面を編み、縁を始末する〉

〈4 取っ手をつける〉

〈5 仕上げをする〉
P25を参照

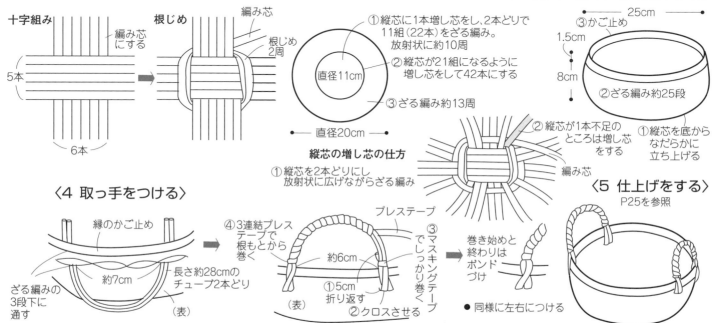

ワンハンドルの丸かご / 41ページ

● **材料**
A4雑誌・中ページの薄紙を縦3分割した用紙210枚位（縦芯…3連結チューブ11本、増し芯…2連結チューブ21本、編み芯…3連結チューブ38本位、持ち手…3連結チューブ3本、3連結プレステープ4本）

● **用具**
丸棒（3mm）

● **作り方のポイント**
底面はきれいな円形になるように、縦芯を等間隔に放射状に広げて編む。

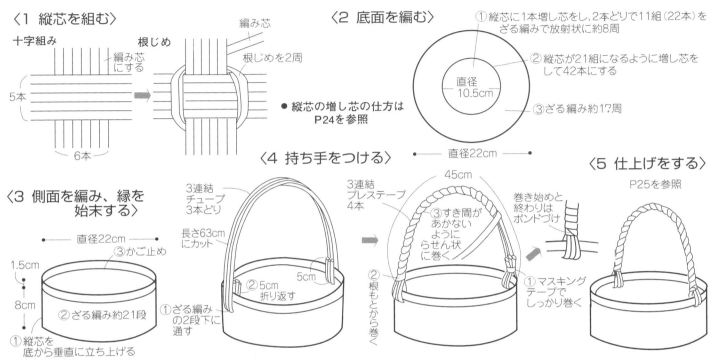

バケツ型のくずかご / 37ページ

● **材料**
A4雑誌・中ページの薄紙を縦2分割した用紙29枚（縦芯…3連結チューブ9本、縁用…2連結プレステープ1本）
A4雑誌・中ページの薄紙を縦3分割した用紙81枚位（編み芯…3連結チューブ27本位）

● **用具**
丸棒（縦芯用4mm、編み芯用3mm、縁用10mm）

● **作り方のポイント**
根じめはきつめに2周巻き、縦芯17本の間隔を放射状に広げて底面をざる編みする。縁はP68の始末と同様に、縦芯で編み芯をはさんで内側へ折り返して止める。

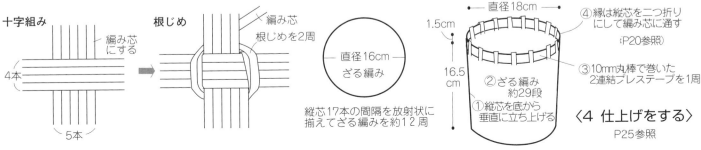

取っ手つきのくずかご / 37ページ

● 材料
A4雑誌・中ページの薄紙を縦3分割した用紙208枚位（縦芯…3連結チューブ9本、増し芯…2連結チューブ17本、編み芯…3連結チューブ47本、取っ手…2連結プレステープ2本、プレスチューブ2本）

● 用具
丸棒（3mm）

● 作り方のポイント
側面は縦芯を底から垂直に立ち上げてざる編みをする。30段目からは縦芯の間隔を少しずつせばめて、円周がなだらかに小さくなるように編み芯の引き加減を調整する。

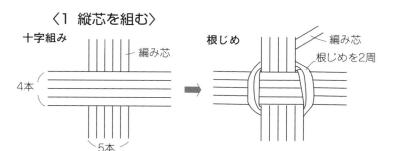

〈1 縦芯を組む〉
十字組み / 根じめ / 編み芯 / 根じめを2周 / 4本 / 5本

〈2 底面を編む〉
①縦芯に1本増し芯をし、2本どりで9組（18本）をざる編みで放射状に約13周
②縦芯が17組になるように増し芯をして34本にする
③ざる編み約13周
直径10cm / 直径18cm
● 縦芯の増し芯の仕方はP24を参照

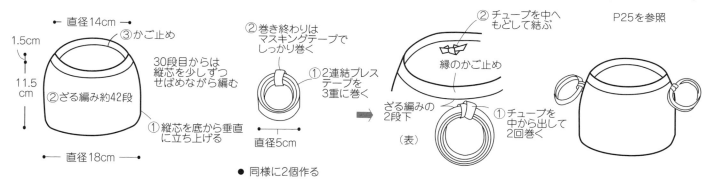

〈3 側面を編み、縁を始末する〉
直径14cm / 1.5cm / 11.5cm / 直径18cm
③かご止め
②ざる編み約42段
①縦芯を底から垂直に立ち上げる
30段目からは縦芯を少しずつせばめながら編む

〈4 取っ手をつける〉
②巻き終わりはマスキングテープでしっかり巻く
①2連結プレステープを3重に巻く
直径5cm
● 同様に2個作る

②チューブを中へもどして結ぶ
縁のかご止め
ざる編みの2段下（表）
①チューブを中から出して2回巻く

〈5 仕上げをする〉
P25を参照

制作のアドバイス

● パイプ作りのヒント　パイプは丸棒2本を使って巻いて作りますが、ご自宅に長い定規がある方は、押さえ用の丸棒の代わりとして代用できます。定規を使う場合、P9の2で押さえ用の丸棒の代わりに定規を当て、用紙にすじをつけるようにしっかり押さえます。定規を外し、用紙と丸棒の間にすき間があかないように丸棒を巻いてパイプを作ります。

● 縦芯を組むときのヒント　連結チューブを縦芯にして組むとき、机の上に長い連結チューブを広げるのは大変です。そんなときは、連結なしのチューブを組んで根じめをしたあと、縦芯にチューブをつぎ足すことで、せまいスペースでも効率よく作業ができます。

ふたつきのかご / 38ページ

● 材料
A4電話帳を縦2分割した用紙114枚位（図を参照）

● 用具
丸棒（3mm）

● 作り方のポイント
本体とふたの底をそれぞれ作り、側面を編む。本体は口に向かって少しずつきつめに編み、ふたの側面がはまるようにサイズを調整する。

準備するチューブ

本体	チューブ	本数
1 縦芯	2連結	7
2 横芯	2連結	5
3 底編み芯	3連結	4
4 側面編み芯	3連結	14

ふた	チューブ	本数
5 縦芯	連結なし	7
6 横芯	連結なし	5
7 底編み芯	2連結	4
8 側面編み芯	3連結	4
9 持ち手	連結なし	1
10 持ち手巻用	3連結	1

〈1 縦芯を組む〉

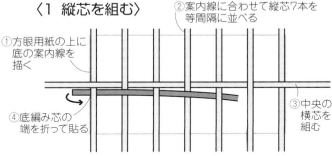

① 方眼用紙の上に底の案内線を描く
② 案内線に合わせて縦芯7本を等間隔に並べる
③ 中央の横芯を組む
④ 底編み芯の端を折って貼る

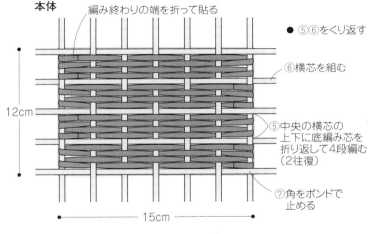

本体
- 編み終わりの端を折って貼る
- ⑤⑥をくり返す
- ⑥ 横芯を組む
- ⑤ 中央の横芯の上下に底編み芯を折り返して4段編む（2往復）
- ⑦ 角をボンドで止める
- 12cm × 15cm

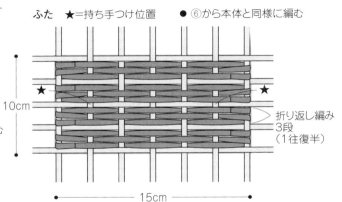

ふた ★=持ち手つけ位置 ⑥から本体と同様に編む
- 折り返し編み3段（1往復半）
- 10cm × 15cm

〈2 側面を編み、縁の始末をする〉

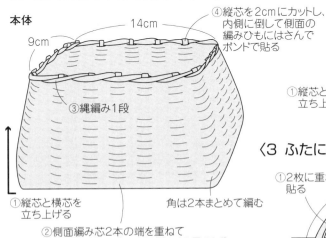

本体
- 14cm / 9cm
- ④ 縦芯を2cmにカットし、内側に倒して側面の編みひもにはさんでボンドで貼る
- ③ 縄編み1段
- ① 縦芯と横芯を立ち上げる
- ② 側面編み芯2本の端を重ねてボンドで貼り、追いかけ編み10周20段 口に向かって少しずつきつめに編む
- 角は2本まとめて編む
- 編み方はP23を参照

ふた
- ① 縦芯と横芯を立ち上げる
- ② 追いかけ編み2周4段
- ③ 縄編み1段
- ④ 縦芯を1cmにカットし、内側に倒して側面の編みひもにはさんでボンドで貼る

〈3 ふたに持ち手をつけて仕上げる〉

- ① 2枚に重ねて貼る
- ② 持ち手巻きひもを巻く
- 14cm

希釈ボンドを塗り、塗装する
P25を参照

持ち手3cm / 約10cm / 16cm / 12cm

レターケース / 39ページ

● 材料
新聞紙1ページを縦3分割した用紙26枚位(プレスチューブ26本位)

● 用具
丸棒(15mm)

● 作り方のポイント
プレスチューブを5本ずつ網目に組む。斜めに底を取り、立ち上げて隣のプレスチューブを交差させてクリップで止めながら編む。プレスチューブの長さが足りない部分は、P24を参照してつぎ足して編む。縁にプレスチューブ2枚を重ねて補強し、端を折り返して編み目に入れ込んで貼る。

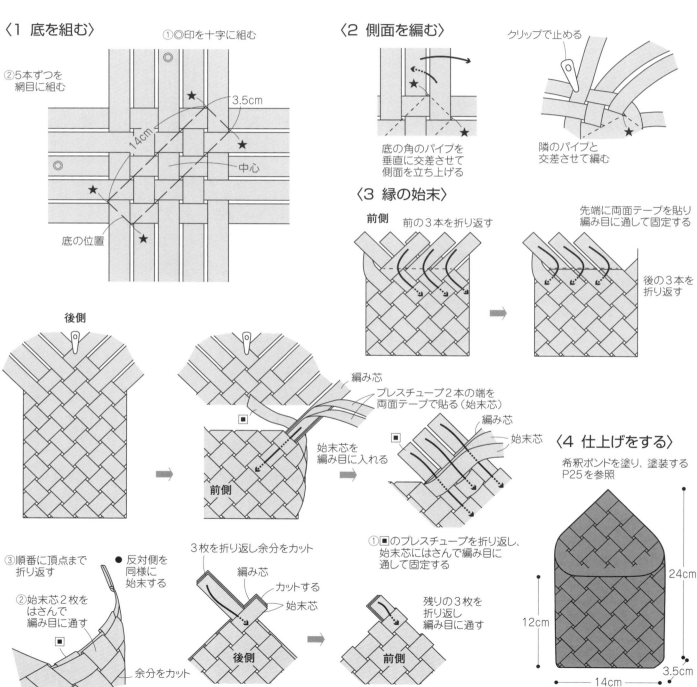

ペン立て、豆皿／39ページ

●材料
ペン立て：新聞紙1ページを縦3分割した用紙12枚（プレスチューブ12本）
豆皿：新聞紙1ページを縦3分割した用紙12枚（プレスチューブ12本）

●用具
丸棒（ペン立て15mm、豆皿9mm）

●作り方のポイント
底を組み、立ち上げて1段ずつ編んで形にする。縁にプレスチューブを2周巻いて縦芯を始末する。

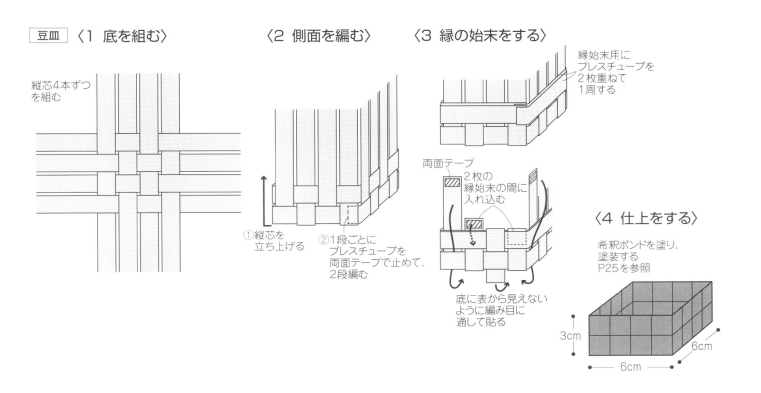

豆皿 〈1 底を組む〉 縦芯4本ずつを組む
〈2 側面を編む〉 ①縦芯を立ち上げる ②1段ごとにプレスチューブを両面テープで止めて、2段編む
〈3 縁の始末をする〉 縁始末用にプレスチューブを2枚重ねて1周する／両面テープ／2枚の縁始末の間に入れ込む／底に表から見えないように編み目に通して貼る
〈4 仕上をする〉 希釈ボンドを塗り、塗装する P25を参照／3cm／6cm／6cm

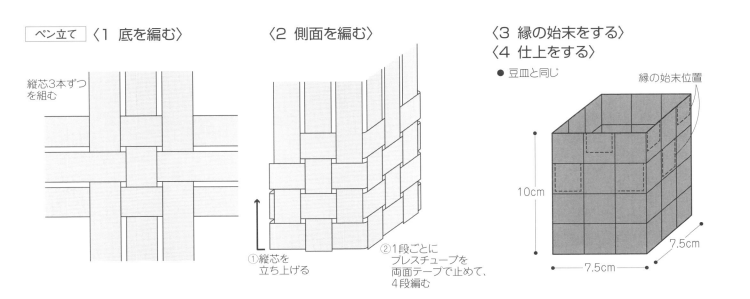

ペン立て 〈1 底を編む〉 縦芯3本ずつを組む
〈2 側面を編む〉 ①縦芯を立ち上げる ②1段ごとにプレスチューブを両面テープで止めて、4段編む
〈3 縁の始末をする〉〈4 仕上をする〉 ●豆皿と同じ／縁の始末位置／10cm／7.5cm／7.5cm

フルーツバスケット／42ページ

● **材料**
A4雑誌・中ページの薄紙を縦3分割した用紙252枚位（縦芯…縦置き3連結チューブ10本、横置き4連結チューブ10本、増し芯…2連結チューブ16本、編み芯…3連結チューブ48本位、取っ手…2連結プレステープ2本、チューブ2本）

● **用具**
丸棒（3mm）

● **作り方のポイント**
底面は2つ折りした編み芯を縦芯にかけて追いかけ編みをする。両側は放射状に広げて編み、4周目で増し芯をする。側面の15段目からは中央の縦芯を3組残して、左右別々に下図のように編む。

〈1 縦芯を組む〉

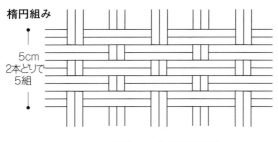

〈2 底面を編む〉

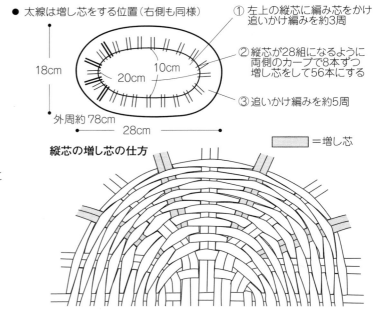

〈3 側面を編み、縁を始末する〉

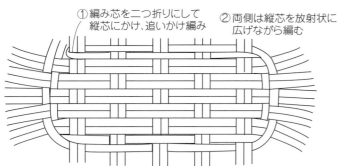

〈4 取っ手をつける〉

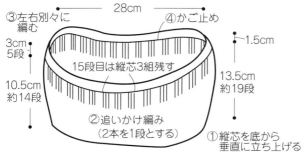

側面のカーブの編み方

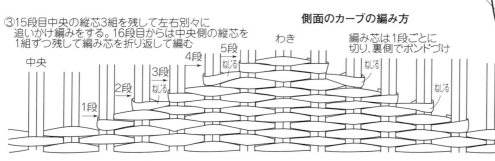

〈5 仕上げをする〉

P25を参照

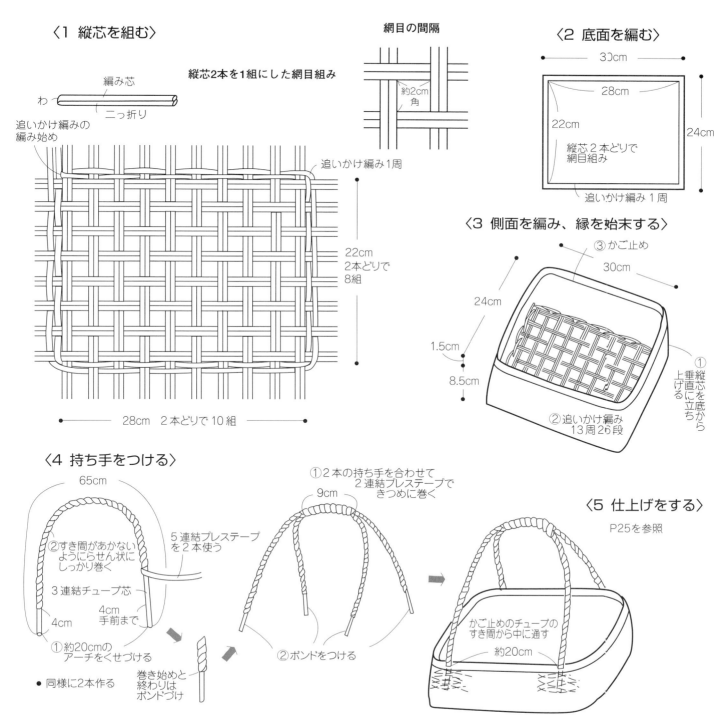

［監修］
石上正志
静岡県藤枝市在住。藤枝市立総合病院、帝京大学医学部付属病院のリハビリテーション科にて、約40年間にわたり作業療法士として勤務。患者さんとご家族を結ぶ作業として「古紙クラフト」を使ったリハビリ活動を行う。定年退職後は自宅近くで一から農業を営みつつ、週に一度、障がい児のデイケア施設にてリハビリ活動を行っている。

［作品制作］
加藤里美
愛媛県在住。紙バンドを使って、かごバッグや収納かご、プチかご、ペンダントなどを制作。刺しゅうや布、編みものを組み合わせたかごも制作している。共著本に『エコクラフトのかわいいバスケット』（小社刊）などがある。
http://petitaptit38.cocolog-nifty.com/blog/

古木明美
2000年より作品制作を始め、現在は書籍や雑誌への作品提案、カルチャースクールやアトリエで講師を務める。ヴォーグ学園講師。著書に『紙バンドを結んで作る　ずっと持ちたいかご』（小社刊）などがある。
https://ameblo.jp/pururu-koubou/

吉岡綾子
北海道千歳市在住。独学で白樺かご作りを始める。2015年より山葡萄かご修業、麦わらでのヒンメリ・ストロースターの製作を開始。活動名「mori＋」には「森とつながる」という想いが込められている。
http://ayacafe.net

[Staff]
ブックデザイン／寺山文恵
撮影／白井由香里（口絵・プロセス）、松田洋一（口絵）、
　　　森村友紀（プロセス）
スタイリング／田中まき子
トレース／株式会社ウエイド（手芸制作部）
編集協力／鈴木さかえ
編集／加藤麻衣子

●本書に掲載する著作物の複写に関わる複製、上映、譲渡、公衆送信（送信可能化を含む）の各権利は、株式会社日本ヴォーグ社が管理の委託を受けています。
JCOPY ＜（社）出版者著作権管理機構　委託出版物＞
●本書の無断複写は著作権法上での例外を除き禁じられています。複写される場合は、そのつど事前に、（社）出版者著作権管理機構（Tel.03-3513-6969、Fax.03-3513-6979、e-mail:info@jcopy.or.jp）の許諾を得てください。
※万一、乱丁本、落丁本がありましたら、お取り替えいたします。お買い求めの書店か、小社販売部へお申し出下さい。
※印刷物のため、実際の色とは色調が異なる場合があります。ご了承ください。

あなたに感謝しております　We are grateful.
手づくりの大好きなあなたが、この本をお選びくださいましてありがとうございます。
内容はいかがでしたでしょうか？　本書が少しでもお役に立てば、こんなにうれしいことはありません。
日本ヴォーグ社では、手づくりを愛する方とのおつき合いを大切にし、ご要望におこたえする商品、サービスの実現を常に目標としています。
小社及び出版物について、何かお気付きの点やご意見がございましたら、何なりとお申し出ください。
そういうあなたに私共は常に感謝しております。

　　　　　　　　　　　　　　株式会社日本ヴォーグ社社長　瀬戸信昭
　　　　　　　　　　　　　　　　　　　　　　Fax.03-3383-0602

新聞・雑誌をリサイクル
古紙クラフトのかご・小もの
発行日／2017年7月18日　第1刷
　　　　2017年10月5日　第2刷
監修／石上正志
発行人／瀬戸信昭
編集人／今 ひろ子
発行所／株式会社日本ヴォーグ社
〒164-8705　東京都中野区弥生町5-6-11
Tel.03-3383-0635（編集）　03-3383-0628（販売）
振替　00170-4-9877
出版受注センター　Tel.03-3383-0650　Fax.03-3383-0680
印刷所　図書印刷株式会社

Printed in Japan ©NIHON VOGUE-SHA 2017
NV70423　ISBN978-4-529-05713-4　C0076

日本ヴォーグ社関連情報はこちら
（出版、通信販売、通信講座、スクール・レッスン）
http://www.tezukuritown.com/　手づくりタウン　検索